歴史文化ライブラリー

494

鎌倉浄土教の先駆者 法然

中井真孝

吉川弘文館

目次

鎌倉浄土教の先駆者――プロローグ

浄土宗「開宗」と法然の悩み

法然《ほうねん》上人（以下、尊称を略す）が浄土宗を「開宗」した時期を、諸伝記は承安五年（一一七五）とする。それから数えて、来る令和六年（二〇二四）には「開宗」八百五十年を迎える。元久元年（一二〇四）かの「七箇条制誡」において、法然は年来の間、念仏を修してきたが、聖教に随順し、あえて人心に逆らわず、世聴を驚かすことなく、「今に三十箇年、無為にして日月を渉る」（『昭法全』七八九）というので、元久元年より逆算して三十年前は承安五年に当たり、この承安五年が法然にとって一つの画期であったことは疑えない。

図１　法然像（足曳きの御影，二尊院所蔵）

「開宗」に至るまでの法然の修学と研鑽については、本文でも触れるが、ここでも若干述べると、黒谷に隠棲し叡空《えいくう》のもとで学んでいた二十四歳のとき、師の叡空に暇を請うて修行の旅に出かけた。天台の法門では凡夫《ぼんぷ》が悟りを得ることは容易ではないから、凡夫の出離をさえ認めるのならば、『倶舎《くしゃ》論』や『大毘婆沙《だいびばしゃ》論』のごとき小乗《しょうじょう》仏教の経論なりとも学ぼうと思い立って「求法《ぐほう》」の旅に出たのであったという（『琳阿本』巻三、『法伝全』五五〇）。法然が出家《しゅっけ》して以来、思索の中心課題は「凡夫の出離」にあった。凡夫とは、愚かで無知な人、迷いの境界にいる人、煩悩に束縛されている人などを指しているが、仏・菩薩（「聖」）に対する「凡」であるから、ほとんどの人は凡夫に当たる。いかにすれば凡夫が苦界から出て悟りの境地に到達できるのか、凡夫の救済を説く仏法を探し求めて、懊悩していた。「ここに我等ごときは、すでに戒定恵の三学の器《うつわもの》にあらず」という深い内省のもとに、経蔵《きょうぞう》に入りてみずから善導《ぜんどう》和尚の観経《かんぎょう》の疏《しょ》を読破して、その中の「一心専念弥陀名号、行住坐臥不問時節久近、念々不捨者、是名正定之業、順彼仏願故（一心に専ら弥陀の名号を念じて、行住坐臥に時節の久近を問はず、念々に捨てざる者、これを正定の業と名づく、かの仏の願に順ずるが故に）」という文を見得てのち、我らのような無智の身は、ひたすらこの文を仰ぎ、専らこの道理をたのみ、つねに名号を称え続けて、間違いなく往生できる行いとすべきだと読み取ったのである（『行状絵図』巻六、『法伝全』二六）。このようにして、法然は善導の『観経疏』にしたがって、称名念仏こそが凡夫の極楽往生のための教えと方法を見出したのである。これをもって浄土宗の「開宗」と称するならば、法然の内発的な営為であったと言うべきである。

平安浄土教からの訣別

日本における浄土教の受容と展開については、井上光貞氏のすぐれた研究がある（井上一九五六・一九七一）。ここでは井上氏に導かれながら、筆者なりにまとめておくと、平安浄土教は、十世紀の中ごろより摂関政治の成熟とともに、天台宗《てんだいしゅう》が主導権を握った。天台宗の浄土教は、後世の鎌倉の諸師が説いた

図２　三条殿夜討ち（模本『平治物語絵巻』より，国立国会図書館所蔵）

浄土教とはその性格を異にしていた。鎌倉浄土教の先駆者法然は純然たる口称念仏《くしょうねんぶつ》を説き、その専修を重視していたのに対して、平安浄土教家は、観想の念仏と諸行往生を主義としていた。第二の特徴として、平安浄土教は貴族社会において発展を見せたことである。慶滋保胤《よししげのやすたね》は、比叡山の西坂本で文人貴族を集めて勧学会《かんがくえ》を主宰し、みずから阿弥陀仏《あみだぶつ》を念じるだけなく、極楽へ往生した人々の行業を記した『日本往《にほんおう》生極楽記《じょうごくらくき》』を著わして、浄土教《じょうどきょう》の普及に尽力した。

　同じころ、貴族化・世俗化しつつあった天台教団から距離を置くように、横川《よかわ》に隠棲した恵《え》心僧都源信《しんそうずげんしん》（以下、源信という）は、『往生要《おうじょうよう》

集《しゅう》』を執筆した。その冒頭に「厭離穢土」、「欣求浄土」の二門をすえ、地獄の様相を経典によって詳述し、阿弥陀仏の極楽浄土への往生を願うことを希求させている。ただし、源信は往生のために観想の念仏を勧めていたので、当時の庶民層では能力的に超えられない一線があった。

平安後期の院政期になると、既成教団から相手にされなかった民衆を布教の対象とする聖《ひじり》や上人《しょうにん》と呼ばれる民間布教者たちの活動が目立ってきた。彼らが民間に広めた浄土教は、雑信仰的な、狂躁的な念仏信仰であったが、浄土教がこれまでのような天台宗だけでなく、真言《しんごん》宗《しゅう》や南都《なんと》系に属する諸宗に及んできた点は見逃せない。院政期の浄土教に新しい動きを見せるのは、もはや既成教団そのものではなく、貴族的世界でもなかった。法然が比叡山の黒谷を出て、洛東に居をかまえたのは、こうした院政期の浄土教に背を向け、称名念仏こそが凡夫の往生のための教えと方法を見出したからである。

善導の『観経疏』の一文から、称名念仏こそが凡夫を救済する行業であることをようやく見出したのが法然であった。こうした法然の思いの根底には、当時の世情も影響していたと思われる。久安二年（一一四六）三月から数年にわたって、京都に大火が起こっており（『本朝世紀』、『台記』）、久寿二年（一一五五）六月には諸国の飢饉《ききん》が伝えられている（『百錬抄』）。さらに、保元元年（一一五六）七月には、崇徳《すとく》上皇と後白河《ごしらかわ》天皇の政権抗争に端を発し、公家・武家を巻き込んだ保元の乱が起こり、三年後の平治元年（一一五九）十二月には公家・武家間の勢力争いが平治の乱に発展し、世相はますます不安な要素を深めていた。

こうした自然災害や兵乱と相まって、平安時代中ごろから流行した末法思想《まつぽうしそう》の影響が少なくない。法然を駆り立てたのは、末法の時代に仏教の戒律を守ることも、浄土へ往生するための修行もできない庶民たちを、どのようにすれば救えるか、という思いの一点に集約することができる。黒谷をあとにした法然は、いったん郊外の西山広谷に庵を構えたが、さらに東山の吉水の地に出て、称名念仏の教えを庶民に布教することとなる。このときをもって浄土宗の「開宗」の時期とするならば、まさに世相が混沌とした時代であり、また平家一門の全盛期でもあった。

九条兼実との出会い

治承《じしょう》・寿永《じゅえい》の内乱によって平氏一門が滅び、源頼朝による武家政権が整備されていくなかで、法然は文治五年（一一八九）八月一日に藤原（九《く》条《じょう》）兼実《かねざね》から招かれ、浄土の法門について法談している。その後も同月八日に戒を兼実に授けてより以降、数度にわたって授戒していることが、兼実の日記『玉葉《ぎょくよう》』からうかがえる。そして、建久九年（一一九八）には、兼実に請われて浄土の法門の要旨を『選択本願念仏集《せんちゃくほんがんねんぶつしゅう》』（以下、『選択集』と略す）にまとめている。

『選択集』の撰述については、本文で言及するが、法然は『選択集』の冒頭で、既存の仏教教団の教学と修行を聖道門《しょうどうもん》（難行道《なんぎょうどう》）と位置づけ、みずからが見出した称名念仏の教えと行を浄土門（易行道《いぎょうどう》）として、聖道門を捨てて選んで浄土門に入れと言う。そのために多くの経典論書を引用して、その理論の正当性を導き出している。この法然の考え方は当時の既成教団、とくに南都（興福寺《こうふくじ》）や北嶺《ほくれい》（延暦寺《えんりやくじ》）からすれば、とうてい受け入れられない思想であったに違いない。「革新的」というより「過激的」なもの、自分たちの教団を「否定」するものと受け取られた可能性があったからだ。それゆえ、法然は『選択集』の巻末に「庶幾《こいねが》はくは一たび高覧を経てのち、壁底に埋めて窓前に遺すこと莫《なか》れ。おそらくは破法《はほう》の人をして、悪道に堕さしめんことを」（『浄全』七—七五）と、たやすく閲覧されて、専修念仏思想について間違った解釈がされることのないように警告している。

先に触れた法然の九条兼実への授戒をもって、研究者のなかには「法然は聖道門を捨てて浄土門に帰依《きえ》したというが、兼実に天台宗で相承《そうじよう》した円頓戒を授けているのは、聖道門から脱却していないのではないか」、あるいは「口称念仏の専修を提唱しながら授戒しているのは思想的に不徹底・曖昧ではないか」といった、法然の浄土宗「開宗」に否定的な見解を示す向きがあった。

このような意見に対して、まず指摘しておきたいのは、法然の立場である。兼実に招かれた際に、「法文の語及び往生業を談ず」（『玉葉』文治五年八月一日条）とあるように、称名念仏による往生について法談し、その七日後の八月八日には「法然聖人来り受戒す。その後念仏を始む」とあることを見れば、兼実自身が法然から浄土宗の教えを聞き、それを理解したうえで受戒し、念仏を修していることがわかる。その後も受戒のあとには必ず念仏を修していることから、この受戒は念仏の道へ導くための通路であったと見てよかろう。一方の兼実にとっては個人的に抱える肉体的もしくは精神的な悩みを受戒することによって改善しようとしていたのではないかと思われる。

兼実の娘・任子《にんし》（後鳥羽院中宮・宜秋門院《ぎしゅうもんいん》）の受戒に法然を招いたとき、「このような[無位無官の]上人は強いて貴所には参らないものだ」という傍らの者に対して、兼実は「これ案内《あない》（物事の実情）を知らず。受戒は（中略）伝受の人を以て師となすなり」と（『玉葉』建久二年九月二十九日条）、気にも止めていない。法然は伝戒師としても評価されていたのだ。おそらく法然は自身が相承している円頓戒を必要とする人には積極的に授けたとも考えられる。

正治二年（一二〇〇）九月、兼実の北政所《きたのまんどころ》が重病となり、法然を招いて受戒したところ、その効験があった。兼実は日記に「尤も貴《とうと》ぶべし、貴ぶべし」と書いている。『西方指南抄』に「九条殿下の北政所へ進ずる御返事」を収め、法然は書状の終わりを「イマタダ（只）一向専修ノ但《たん》念仏者ニナラセオハシマスベク候」と結んでいるので、北政所が念仏往生を願っていたことは確かである（『昭法全』五三四）。この北政所が翌年の建仁元年（一二〇二）十二月九日に亡くなると、兼実は建仁二年正月二十七日、法然を戒師に出家する。この日を選んで出家したことについて、藤原定家が「貴賤の妻室四十九日に遁世《とんせい》する事、頗《すこぶ》るその例を聞かず」と驚いている（『明月記』）。この当時、妻が夫の菩提を弔うために出家することは枚挙にいとまないが、兼実が亡き妻の満中陰《ちゅういん》の日に出家したことは、身分の上下を問わず前例がなかったという。慈円《じえん》が「念仏ノ事ヲ法然上人ス、メ申シヲバ信ジテ、ソレヲ戒師ニテ出家ナドセラレ」と記すなど（『愚管抄』巻六）、法然に対する信望の程度は並外れていたのである。兼実が法然にとって最大の外護者《げごしゃ》（仏道修行の支援者）であったことは銘記されねばならない。

鎌倉浄土教の特徴

応長元年（一三一一）に凝然《ぎょうねん》が著わした『浄土《じょうど》法門源流章《ほうもんげんるしょう》』（以下、『源流章』と略す）は、その大半を占めるのが「大日本国浄教弘通次第」すなわち日本浄土教史である。「源空《（法然）》以後の浄土教の弘まりはどうか」と自問し、「源空大徳の門人は一人ではない。弟子それぞれが互いに浄土教を盛んに弘め、ともに門流をなして、縦横に法灯を伝えている」と自答するように、法然のあとに門流をなした幸西・隆寛・証空・聖光・信空・行空・長西ら、主要な門弟の事績を掲げるので、またその大半は鎌倉浄土教史である。彼らは「源空大徳の親承面受の弟子」であって、なかんずく幸西・隆寛・証空の三人に多くの字数を割いている。凝然にとって鎌倉浄土教を代表する人物とは、この三人を指したのであろう。

凝然は幸西《こうさい》（一念義）を最初にあげ、一念義の教理を詳しく説明するが、諸教はこれ聖人の為の教、念仏はこれ凡夫の為の宗であるとか、浄土の教門はただ凡夫に被《こうむ》らしめ、諸の凡夫をして浄土に往生してさとりを証せしむとかの文言が見える。幸西の門流は京都と阿波《あわ》を拠点に「今（凝然の時代）にあり」という。

つぎに隆寛《りゅうかん》（長楽寺義・多念義）をあげ、多念義の教理を紹介するが、そのなかで問答形式をもって、凡夫が念仏して浄土を欣求《ごんぐ》し、臨終に仏を見て、何らかの益ありやという問いに対して、煩悩に縛られた凡夫が臨終に仏を見ることは、一分は迷いを断じ、一分は中道《ちゅうどう》（絶対真実）の理を証するもの、すなわち断惑証理だと答えている。隆寛の門人に敬日《きょうにち》・智慶《ちけい》がいて、敬日の門流は京都を中心に発展し、智慶の門流は鎌倉の長楽寺を拠点に繁昌して、「東土の浄教」は彼らの力に負うところが大きいという。

証空《しょうくう》（西山義・小坂義）には門人が多く、証入を筆頭に十一人の弟子の名を掲げ、このうちの聖達は一遍の師でもある。証空の教説について、念仏はこれ本願の行であり、本願に乗ずるゆえに罪悪の凡夫がすぐさま安養の浄土に生じることができるとある。また、釈《しゃ》迦《か》がこの世に出世して説法したのは、凡夫を救い、浄土に生じせしめ、ただちに無上の菩《ぼ》提《だい》を得しめんがためであるともいう。

以上の幸西・隆寛・証空の教理に共通するのは、凡夫の往生に言及している点である。換言すれば、鎌倉浄土教の特質にあげられるのは、凡夫往生論である。法然は「我《われ》浄土宗を立つる意趣は、凡夫の浄土に往生することを示さん為なり」（「浄土宗見聞」第五話）と、総じて凡夫往生を許さない通仏教《つうぶつきょう》（諸宗）ではなく、凡夫往生を全面的に認める別宗（浄土宗）を立てることを主張した。この点で法然は間違いなく鎌倉浄土教の先駆者であった。

最近、末木文美士氏が指摘しているように、黒田俊雄氏による顕密体制論《けんみつたいせいろん》の提唱から四十年余が過ぎた。顕密体制論の登場は、かつての新仏教中心史観では捉えることのできなかった未開拓の部分の研究を進める契機となり、従来の主要宗派の宗祖中心論が否定され、各宗派における宗学や宗派史のあり方が問い直されてきた。宗祖＝最高の仏教者とする信念は宗門内でしか通用せず、その外では広く通用しないという（末木二〇一四）ことを前提として、最近では宗門外の研究者による研究も進展してきている。筆者はこうした最近の研究動向をふまえつつ、法然の著述や伝記史料を丹念に読み込むことで、末木氏のいう「当時の仏教界の中で、宗祖と言われる人たちがどのような位置づけを持っていたのか、その思想を過大視せずにどのように読み直すことができるのか」という問いに対して、本書でその一端を示すことができればと考えている。

なお、本書では、漢文体は適宜読み下し文に改め、［……］は文意をおぎなう語句を示した。また、法然の伝記はつぎのように略した。（　）内は通称・別称。

『伝法絵流通』（本朝祖師伝記絵詞・四巻伝・善導寺本）→『伝法絵』

『法然上人伝絵詞』（法然聖人伝絵）→『琳阿本』
『源空聖人私日記』→『私日記』
『法然聖人絵』→『弘願本』
『拾遺古徳伝絵』→『古徳伝』
『法然上人行状絵図』（四十八巻伝・勅修御伝・勅伝）→『行状絵図』
同様に、叢書についてはつぎのとおり略した（数字は巻や頁を示す）。
『浄土宗全書』→『浄全』
『昭和新修法然上人全集』→『昭法全』
『法然上人伝全集』→『法伝全』
『真宗聖教全書』→『真聖全』
『昭和定本日蓮聖人遺文』→『昭日遺』

「浄土宗見聞」より見た法然

大徳寺本『拾遺漢語灯録』の発見

醍醐本と大徳寺本の比較

法然《ほうねん》に関する資料が近代に入って発見されることは滅多にない。大正六年（一九一七）に醍醐《だいご》寺から『法然上人伝記』（以下、醍醐本と略す）が見つかった。そして、平成七年（一九九五）に滋賀県甲賀市水口町の甲賀市水口図書館から同市水口町の大徳寺旧蔵の『拾遺漢語灯録』（以下、大徳寺本と略す）が発見された。大徳寺本は元禄十五年（一七〇二）の写本だが、正徳五年（一七一五）に義山が開版した正徳版『拾遺漢語灯録』よりも古体を存している（梶村・曽田一九九六）。大徳寺本は、正徳版『拾遺漢語灯録』の改定のさまを知ることができるだけでなく、醍醐本と比較対照することで両本は史料的に近しい関係にあったことがわかるのである。たとえば、正徳版『拾遺漢語灯録』は大徳寺本もしくはそれにきわめて近い写本を用いて校

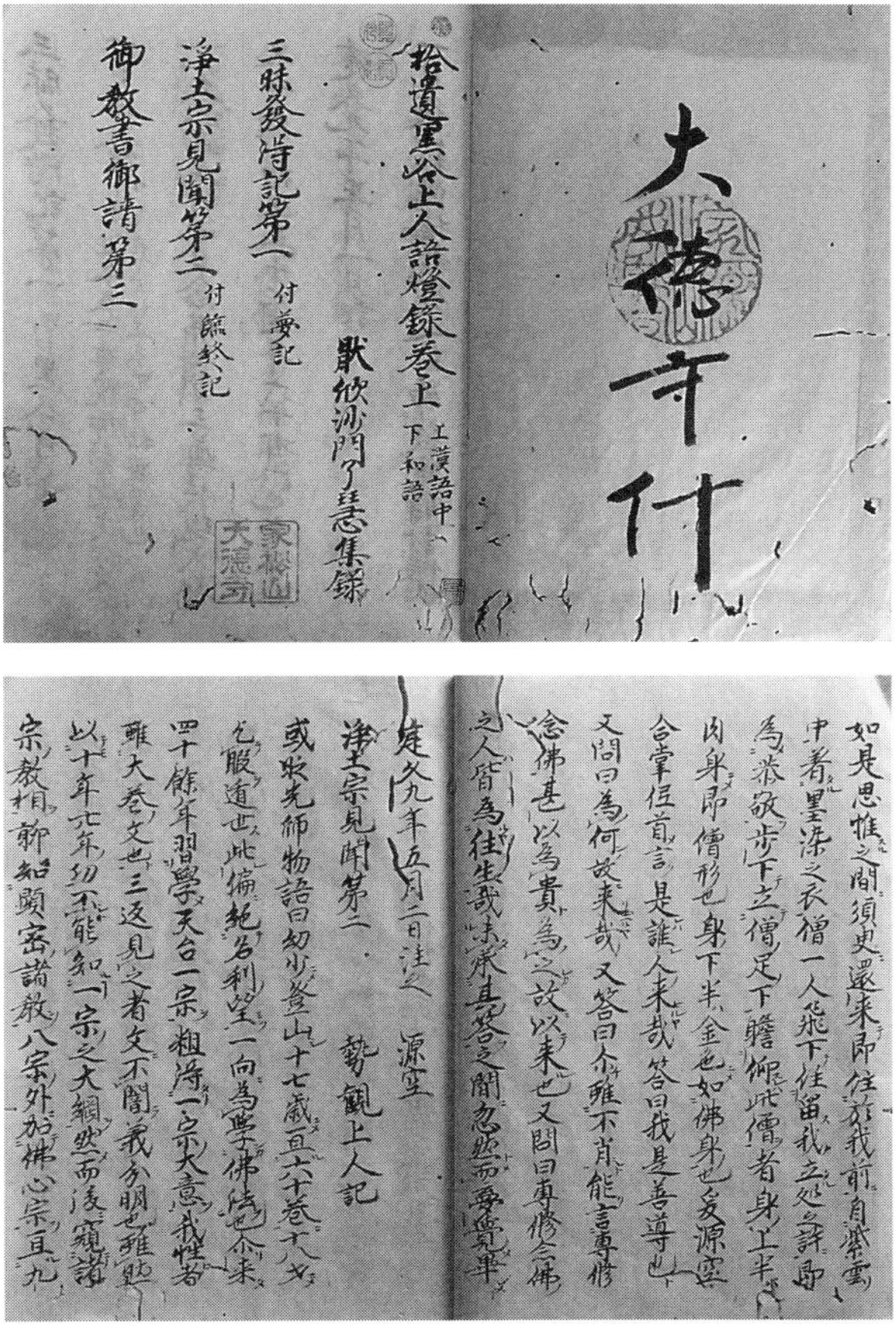

拾遺黒谷上人語燈録巻上　上漢語中　下和語
默徴沙門了慧集録
三昧発得記第一　付夢記
浄土宗見聞第二　付臨終記
御教書御請第三
大徳寺什

図３　大徳寺本『拾遺漢語灯録』（甲賀市水口図書館所蔵）

定したと思われるが、目次は「三昧発得記第一　附夢感聖相記」「浄土随聞記第二　附臨終祥瑞記」「答博陸問書第三」とあり、いま問題とするところの第二の書目が変更されている（『浄全』九—四五四）。

この大徳寺本は、「三昧発得記第一　付夢記」「浄土宗見聞第二　付臨終記」「御教書御請第三」の三部構成である。一方の醍醐本は「二十話」「禅勝房との問答」「三心料簡事」「別伝記」「御臨終日記」「三昧発得記」の六部構成であるが、大別すると、①「二十話」「禅勝房との問答」、②「三心料簡事」、③「別伝記」、④「御臨終日記」「三昧発得記」の四部からなる。内容的には、「二十話」に相当する大徳寺本の「浄土宗見聞」が全二十二話を収めるが、「禅勝房との問答」を省略し、「三心料簡事」「別伝記」を収めず、醍醐本は夢記と御教書御請を収めていないという差異がある。収録の話は、大徳寺本にあって醍醐本にない二話を除けばほとんど同文である。

一期物語とは臨終記を意味する

大徳寺本の目次である「三昧発得記第一　付夢記」「浄土宗見聞第二　付臨終記」「御教書御請第三」のなかの「浄土宗見聞第二　付臨終記」と、醍醐本の「法然上人伝記　附一期物語」の題号の表記が似かよっていることに気づいた曽田俊弘氏は、「一期」には「臨終」の意味もあるとする辞書の語義をもって、「一期物語」とは「臨終（日）記」を意味すると考えた（曽田二〇〇一）。従来「一期物語」と呼んできたのは、醍醐本を学界に紹介した望月信亨氏が「全文漢語にして凡そ六篇あり。第一篇は一期物語と題し、法然上人《しょうにん》の物語凡て二十条を集む」と解題に書いてしまったからである（望月一九二二）。望月氏は「一期」を一生、生涯の意味にとり、付属的な、付随的な、という「附」の語義を無視したのだろうか、「一期物語」を醍醐本の主篇に位置づけたのである。そのために爾来《じらい》九十年近く学界で呼びならわしてきた名称を重んじて、伊藤真昭氏は「いわゆる一期物語」と呼んでいる（伊藤二〇〇九）。そこで本来の主篇の呼称は何であったのかをさぐってみよう。

「勢観上人見聞」が原題か

『拾遺語灯録』の編者の望西楼了恵《りょうえ》（道光）は『選択集《せんちゃくしゅう》大綱抄』に、「黒谷《法然》云く」として、「たしかに［善導は］念念不捨者是名正定之業順彼仏願故（念念に捨てざる者、これを正定の業と名づく。かの仏の願に順ずるがゆえに）といっている。この解釈の意に準ぜば、念念不捨の者もすなわち本願に順ずるということができる。ただし［仏の］本願に値《あ》うには早い遅いがあって不同なれば、上《かみ》は一形《いちぎょう》（一生涯）を尽くし、下《しも》は一念に至ると発《おこ》したまう〈已上勢観《せいかん》上人見聞〉。［四修の中の］無間［修］かくのごとし。長時［修］またその通りだ（『浄全』八—五三〜四）」と、「禅勝房との問答」第九の問答を引いて、「已上勢観上人見聞」と注記する。

また「黒谷云く」として、観［無量寿］経は、もし天台宗《てんだいしゅう》の意に依らば、法華経《ほけきょう》以前に説かれた経典《きょうてん》となり、法華の方便と成る。もし法相宗《ほっそうしゅう》の意に依らば、遠い未来のことなのに、今すぐ利益《りやく》があるように説く。「しかるに浄土宗の意に依らば、一切の教行はことごく念仏の方便と成る。故に浄土宗の観無量寿経の意と云ふなり〈已上聞書の文〉」（『浄全』八—六二）と、第二十話を引いて、「已上聞書文」と注記する。

醍醐本は主篇（全二十話）と「禅勝房との問答」が別個に分けて書かれているが、大徳寺本は第九話の後ろに、「この次下ニ、遠州蓮花寺ノ住持禅勝房造阿弥陀仏ト云ふ人アリ。上人へ十二ノ問答を問ひ奉る。その書これあり。然りと雖も和語第十四巻の末へニ見えタリ。繁きに依りこれを載せず」と注記しているので、もとは主篇と一体をなしていた。したがって、了恵が『選択集大綱抄』を著わした永仁四年（一二九六）のころには主篇と「禅勝房との問答」をあわせて「勢観上人見聞」、または「（勢観上人）聞書」と呼んでいたようだ。ところが、大徳寺本の篇目には「浄土宗見聞第二　勢観上人記」となっており、変更が加わったのか、書名が異なるのである。

「浄土宗見聞」と改称か

正徳版『拾遺漢語灯録』の識語（跋文）に、

建武四年七月、了慧上人集むる所の語灯録艸（草）本十八巻を得て、その初冬より臘月廿五日至るまで、同門老宿四五輩とこれを治定し畢んぬ。更に一本を写して武州金沢称名寺文庫に蔵する者なり。　下総州鏑木光明寺　良求。（『浄全』九―四六六）

とある。この建武四年（一三三七）の良求が同門宿老らとともに「治定」（校訂）した際に、「勢観上人見聞」または「（勢観上人）聞書」ではマイナーな書名だと見なされたのか、「浄土宗見聞」と改称されたのではなかろうか。なお、日蓮《にちれん》の弟子日向《にこう》の編集にかかる『金綱集』に「浄土宗見聞」を収めるが、これは同名異本の書冊である。

一方の醍醐本に関して、西山派の行観が永仁年間（一二九三～九九）に著わした『選択本願念仏集秘鈔』に第一話を引いて「これ委しく上人の伝記に見へたり」（『浄全』八―三四〇）といい、また、「法然上人伝記に云く」（同三四六）として第五話を引く。醍醐本の主篇を指して「法然上人伝記」と呼んでいるのである。このことに留意すると、「法然上人伝記」に、「御臨終日記」および「三昧発得記」をあわせて「一期物語」と称して、これらを「附」する体裁のものができたと思われる。これが醍醐本の書名「法然上人伝記附一期物語」となろう。「見聞書勢観房」は主篇の編者を意味しており、大徳寺本の「浄土宗見聞」には「勢観上人記」と明記している。したがって、醍醐本の主篇と大徳寺本の「浄土宗見聞」とは史料的にきわめて近い関係にあることを示している。

以上、迂遠な考証をかさねたが、誤字脱字の多い現行の醍醐本所収「一期物語」の名でもって用いられてきた史料は、今後は大徳寺本の「浄土宗見聞」（勢観上人見聞）に代えるべきだと思われる。以上で醍醐本と大徳寺本に関する史料論はこの程度にとどめ、「浄土宗見聞」（勢観上人見聞）にしたがって、法然の前半生をふりかえってみよう。

法然の出家と遁世

出生と父の死去と出家

大徳寺本の「浄土宗見聞」(「勢観上人見聞」)の第一話は

或る時先師物語に曰《いわ》く、幼少にして登山し、十七歳にして六十巻に亘《わた》る。十八歳にして暇を乞ひて遁世す。これ偏に名利の望みを絶ちて、一向に仏法を学ばんが為なり。

と始まる。「或る時」とは、勢観房(源智《げんち》)が法然の弟子になった建久六年(一一九五)、法然が六十二歳より以降のことで、老境に達していた法然は、勢観房にはただ「幼少にして」とだけ語り、比叡《ひえい》登山の年齢を明らかにしなかった。ここの箇所を正徳版『拾遺漢語

図４　漆間時国館の夜討ち（『法然上人行状絵図』巻１第４段より，知恩院所蔵）

灯録』は「吾《われ》年十五にして天台山に登る」と改竄《かいざん》している。

建久九年正月一日に始まる「黒谷《(法然)》自筆記」の「三昧発得記《さんまいほっとくき》」に「初生丑《うし》年なり。生年六十有六なり」とあって、逆算すれば長承二年（一一三三）の生まれである。父は漆間《うるま》時国、美作《みまさか》国久米の押領使《おうりょうし》であった（『伝法絵』『法伝全』四六八）。「庁官」（在庁官人）とする伝記もあり（『私日記』『法伝全』七六九）、久米郡の稲岡荘を本拠とする地方豪族であった。母は秦《はた》氏（名は不詳）（『琳阿本』巻一『法伝全』五四三）、幼名を勢至といった（『行状絵図』巻一『法伝全』五）。

勢至が九歳のとき、保延七年（一一四一）

の春、父の時国が稲岡荘の預所《あずかりどころ》明石定明《さだあきら》の夜討ちにあって死去するという悲しい事件が起きた。時国が仁明天皇の血を引く血統のよさに慢心して、預所の明石定明を軽侮して命令にしたがわず、面会もしなかったので、定明の恨みを買ったと伝える（『行状絵図』巻一『法伝全』五）。定明は源姓を持つ内裏警備の武士をいう「源内武者《げんないむしゃ》」とも呼ばれ、父は伯耆守《ほうきのかみ》に任じられているので、中央の政界にも人脈のある階層であった。その定明が稲岡荘の預所として都から派遣されてきていたと思われる。

荘園は十一世紀中ごろから次第に増加し、地方において国司は徴税権確保のため、荘園領主との相克をくりひろげ、紛争を武力で解決しようとする風潮が顕著になった。時国が「押領使」とか「庁官」といった国司に属する役職をおびていたので、時国と定明の対立を、国司方と荘園方の抗争と見ることもできる。

しかし、筆者は今のところ、この夜襲事件は単純に稲岡荘という荘園内の抗争だと考えている。ある絵伝に、「時国当庄の庄官たりながら、預所をかろ《（軽）》めて対面せざる遺恨なり」（『弘願本』『法伝全』五二八）とあるからだ。おそらく稲岡荘は、時国の先祖が開発や買得によって集積した田畑をもとに設立した荘園で、これを権門勢家や寺社に寄進して「本家」とあおぎ、その保護のもとで、みずからは荘園の「下司《げし》」となる、いわゆる在地領主であったと考えられる。荘園領主としての本家は、荘民への課税を強化する方策として、預所と呼ぶ代理人をつかわし、武力でもってそれを強行しようとして、在地領主である下司などの荘官と対立することがしばしば起こった。

稲岡荘の本家は誰かわからないが、稲岡荘のなかで漆間時国と明石定明が対立したのは、荘民の側に立ちながら権益をまもろうとする在地領主の荘官と、本家から派遣されてきた預所との対立であったと見られるのである。

勢至は臨終の父から、「おまえは、会稽《かいけい》の恥（敗戦の恥辱）をはらそうと思って、決して敵を恨んではならない。これはまったく前世の報いなのだ。もし恨みの心をもったなら、その恨みは世々《せぜ》に尽きがたいであろう。早く俗世をのがれ、出家して私の菩提をとぶらい、おまえ自身も悟りを求めることに越したことはない」という遺言を受けた（『行状絵図』巻一『法伝全』六）。

父の遺言もさることながら、定明からの追撃をのがれるためには、当時はアジールである寺院に入り、僧になることが命を全うする道でもあったと思われる。幸いにも母方の叔父が美作国の菩提寺の院主の観覚得業《とくごう》であった縁をたより、観覚のもとに身をよせた。観覚は法然の非凡な才能を見て、比叡山で本格的に仏教を学ばせるために、持宝房源光《げんこう》のもとに送った。勢至が十三歳のとき、天養二年（一一四五）のことであった（『伝法絵』『法伝全』四七二）。

源光は高名な学者のもとで天台宗の奥義を究めさせようと考えて、久安三年（一一四七）東塔の西谷の功徳院に住む皇円《こうえん》のもとに弟子入りさせた。勢至は、源光のいた西塔の北谷から東塔の西谷に移り、皇円について出家し、ついで受戒した。皇円は当時、比叡山第一の学匠で、肥後阿闍梨《ひごのあじゃり》とも呼ばれ、『扶桑略記《ふそうりゃくき》』の著者として知られている。このときに法名が授けられたはずだが、その法名はどの法然絵伝にも記されていない。

黒谷の叡空のもとへ

『行状絵図』（巻三『法伝全』一〇）によると、仏道に入ったばかりの少年僧はこの後、あるとき、「すでに出家の本意を遂げたので、この上は人里離れた静寂な地にこもって修行したい」と師匠の皇円阿闍梨に申し出た。皇円は、たとえ隠遁《いんとん》の願望があるとしても、まずは天台宗の根本聖典である三大部《さんだいぶ》の六十巻を学ぶべきだと諭した。少年僧は「私が隠遁を願うのは永久に名利《みょうり》（名声と現世的な利益）を断ち切り、静かに仏法を修したいと思うからであり、師の仰せはもっともなことだ」といって、十六歳の春から三年をかけて三大部を読破したという。しかし、「浄土宗見聞」では十七歳のとき、一年で読破したことになっている。三大部とは、『法華玄義《ほっけげんぎ》』『法華文句《ほっけもんぐ》』『摩訶止観《まかしかん》』各十巻と、その注釈書の各十巻を指す。日蓮の『立正安国論《りっしょうあんこくろん》』に「法然聖人幼少にして天台山に昇る。十七にして六十巻に亘る。並びに八宗を究めて具に大意を得る」ともあって（『昭日遺』二一七）、法然の十七歳六十巻読破のことは広範に知られていた。

『古徳伝』（『法伝全』五九四）などによると、少年僧は天台の三大部を読破して十八歳になった久安六年、ついに西塔の黒谷にいる慈眼房叡空《じげんぼうえいくう》を訪ねた。少年僧が幼少の昔から父

図５　比叡山登嶺（『本朝祖師伝記絵詞』より，善導寺所蔵）

の遺言を忘れられず、隠遁の心が深いわけを述べると、叡空は「少年でありながら、早くから迷いの世界から離れる心を起こした。まことに法然道理の聖《ひじり》である」と喜んで、法然房という房号を与え、源光の「源」の字と叡空の「空」の字をとって、源空と名づけた。法然道理の聖とは、自然に道理をわきまえた隠遁僧という意味だ。ここに法然房源空という生涯にわたる呼び名を授かったのである。隠遁とは遁世ともいって、「世を捨てる」ことを意味したが、それはみずから世間を捨てると同時に、世間からも捨てられるのである。つまり世間と没交渉にならねばならず、よほどの覚悟がなければ、隠遁の生活を送れるものではない。法然は四十三歳まで二十五年間をこの黒谷で過ごす。

黒谷の地勢について、「谷ふかくたかね《（高嶺）》きよし。（中略）道ほそくしてあと《（跡）》かすか也。（中略）春の花、夏の泉、秋の月、冬の雪、四季の感興、一処にをのづ《（自）》から備へたり。又甘菓《あまき》あり、かう《（芳）》ばしき香あり。うへ《（飢）》をさゝ《（支）》ふるに煩《わずらい》なし。本尊あり、聖教あり」（『琳阿本』巻二『法伝全』五四九）とあって、隠遁にはむしろ絶好の環境であった。

師叡空との論争

この黒谷で法然にとって最後の師となった叡空の扶持《ふち》を受け、ときには師弟間で激しい論争も行われた。師弟間での論争は、「戒体論」（戒をたもとうとする働きを起こさせる実体は何か）と「観称勝劣論」（往生の業として観仏「仏の姿を想い観る」と称名「仏の名を称える」のいずれが勝れ、いずれが劣るのか）が有名だ。いまは後者の「観称勝劣論」を紹介しよう。

法然が「称名にすぐる、行あるべからず」と主張し、師の叡空が「観仏はすぐれ、称名はおとればなり」を力説したのである。法然は念仏がなおすぐれたる釈義を述べた。叡空は腹を立て、こぶしをにぎり、法然の背中を打ちながら、その師・良忍も観仏がすぐれると言っていたと強弁する。法然が「良忍上人も「我らよりも」先にお生まれになった方ですが」と言い返すと、叡空はいよいよ腹を立て、沓脱《くつぬぎ》におりて、足駄《あしだ》（今の下駄）をもって法然を打ったという（『琳阿本』巻三『法伝全』五五一）。

『行状絵図』（巻一三）に「建仁二年三月十六日、上人かたりてのたまはく」として、「慈眼房（叡空）は戒を受けた師匠である上に、同じ寺に住んで、衣・食の二つはすべてこの聖の援助であった。しかしながら、法門をすべて習ったわけではない。法門の解釈は水と火のように相違して、いつも論争していた」とある（『法伝全』五七）。法然の述懐は「あるとき」と、年月を明らかにしないのが通例だが、珍しく建仁二年（一二〇二）年三月十六日と日付まで記しており、史料の独自性をあらわしている。

師の叡空には同宿のうえ、衣食まで扶養してもらったが、仏法に関してすべてを習ったことはなく、考え方は水と火のように異なり、いつも議論を戦わせていたという。叡空は気短で、論破する法然に暴力をふるった。法然はそうした叡空にあきれて去ったわけでもなく、また、叡空もたてつく法然を破門したわけでもない。なんとも奇妙な師弟関係であった。

叡空との観称勝劣論は、良忠が正嘉二年（一二五八）の『選択伝弘《でんぐ》決疑鈔裏書』にも

『琳阿本』とほぼ同文で出てくる（『浄全』七―三七五）。実際に行われた論争と考えられるので、その時期は叡空の生存中のことであろう。叡空は治承三年（一一七九）二月に死去したと伝えるので（『円光大師行状画図翼賛』巻五七）、法然が称名念仏を見出したのは、四十歳前後のときのことであったと思われる。

学匠訪問は自解義の確認

さて「浄土宗見聞」（「勢観上人見聞」）第一話には前引の文章に続けて、

爾来四十余年、天台一宗を習学して、ほぼ一宗の大意を得たり。わが性《しょう》とは大巻の文なりと雖も、三返これを見れば、文に闇らからず、義分明なり。然りと雖も十年廿《にじゅう》年の功を以てしても、一宗の大綱を知ること能はざらんと。然して後に諸宗の教相を窺ひて聊《いささ》か顕密の諸教を知れり。八宗の外に仏心宗を加へて九宗に亘る。その中にたまたま先達あらば往きてこれを決するに、面々に印可を蒙る。

という。「爾来四十余年」の読み方に関して、伊藤唯真氏は、ほぼ同文の醍醐本を望月信亨氏が刊行した際に、従前の宗史にいう浄土開宗四十三歳説になずみ、「年」を年齢の意味に解し、原文にない「四十余ノ年マデ」と送り仮名を付したと見て、ここは素直に「それよりこのかた四十余年」と読むのがよいと主張する（伊藤一九八九）。「爾来」の起点は十八歳だから、それから四十余年は法然が六十歳前後の建久年間（一一九〇～九九）のこととなる。すなわち、建久年間まで天台の学修を続けてきたという意味になろう。

しかし、伊藤説にも問題がないわけではない。天台一宗の大意を得て、「然して後に」九宗にわたる顕密の諸教を知り、先達を訪問するという文脈をどう理解するかである。諸宗学匠訪問は『伝法絵』以下『行状絵図』に至る法然絵伝では保元元年（一一五六）、法然二十四歳のときとする。筆者は、学匠訪問はむしろ法然の三十歳後半のことと見ているが、それはともあれ「浄土宗見聞」（『勢観上人見聞』）によると、醍醐にいた三論宗の先達（名は記さず）と「興福寺の」蔵俊僧都の二人を訪れたことになっており、「凡そ先達に値《あ》ふ毎にみな称嘆せらる」と記すが、ほかの法然絵伝、たとえば『琳阿本』には、南都の蔵俊と法相宗を、「醍醐寺の」法印寛雅と三論宗を、「仁和寺の」慶《きよう》雅《が》法橋と華厳宗をそれぞれ論談したという（巻三『法伝全』五五〇）。いずれも法然の学識に驚き、弟子の礼をとったとある――むしろ法然絵伝の意図するところはここにあった。学匠訪問は、従来の宗史が語るように、新たに諸宗を学問したのではない。「凡夫の得度（悟りを得る）」「衆生

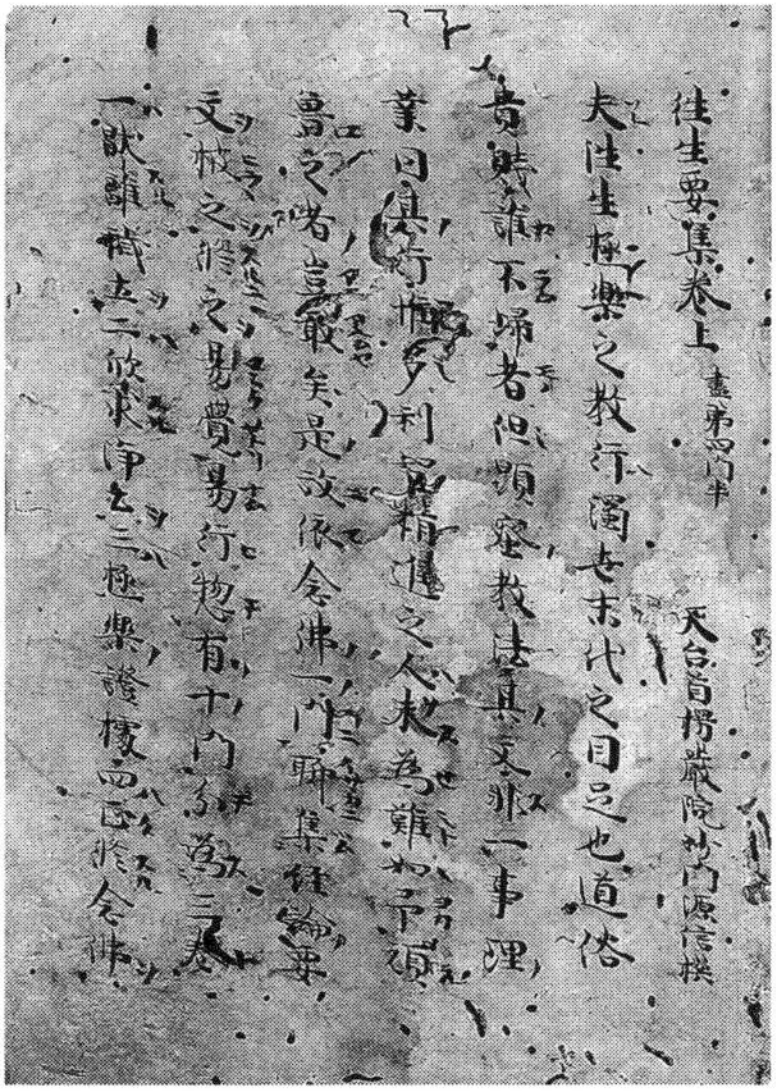

図6　『往生要集』（最明寺所蔵）

の出離」を求めて、法然が独習した諸宗の教義について、諸宗の学匠に対して「自解義《じげぎ》」（『法伝全』五五〇）（みずから会得した解釈）の正しさを証明したことに最大の意義があったのである。

『往生要集』を先達に浄土門へ

「浄土宗見聞」（「勢観上人見聞」）に「惣じて我朝に来到する所の聖教ないし伝記目録、一見を加へずと云ふことなし。爰《ここ》に出離の道に煩ひて身心安からず」という状況が続き、源信《げんしん》の『往生要集《おうじょうようしゅう》』に出会い、これについて「出離の道」を尋ねようとし、ついに「この故に往生要集を先達として、浄土門に入」った。そして、「この宗の奥旨を窺ひて、善導《ぜんどう》和尚の釈に於て、二遍これを見るに、往生は輙《たやす》からずと思へり。第三遍の度は、乱想の凡夫、称名の行に依りて往生すべきの道理を得るなり」に達したのである。すなわち、法然は源信の『往生要集』を手がかりに善導の著作にめぐりあい、これを三度熟読することで、凡夫が称名の行によって往生すべき道理を得たのだ。諸伝はこれを法然の四十三歳の承安五年（一一七五）のことと し、「浄土開宗」と見るが、自内証（自己の内心の悟り）と言うべきであろう。「但し自身の出離に於ては已《すで》に思ひ定め畢《おわ》んぬ。他人の為にこれを弘めんと欲すと雖も、時機（時代と人々の機根＝資質）計り難き故に思ひ煩ひて眠る」夢中に、善導が来現するというプロットで、第一話は終わる。

夢中に善導が来現

夢中に善導が来現した描写は、「三昧発得記」に「付《つけたり》」の「御夢記」と比べていたって簡潔である。

紫雲大いに聳へて日本国に覆へり。雲中より無量の光あり。光の中より百宝の色鳥飛び散りて充満せり。時に高山に昇り、忽《たちま》ちに生身《しょうじん》の善導に値《あ》ひ奉る。腰より下は黄

図７　夢中で善導と対面する（『法然上人行状絵図』巻７第５段より，知恩院所蔵）

金の色、腰より上は常の人の如し。高僧の云く、爾《なんじ》不肖の身なりと雖も、専修念仏を弘む。故に汝の前に来れり。我はこれ善導なりと云々。これによりこの法を弘め、年々繁昌し、流布せざるの堺なきなりと云々。

夢中に来現した善導が、いきなり「汝不肖の身なりと雖も、専修念仏を弘む。故に汝の前に来れり。我はこれ善導なり」と告げたのは、「他人の為にこれ（称名の行）を弘めんと欲すと雖も、時機計り難き故に思ひ煩ひて眠る」という文脈にふさわしくない。建久九年五月二日付けの「御夢記」は、善導来現の描写がかなり詳しくなるが、おそらくそのな

かの「爾不肖なりと雖も、よく専修念仏を言ふ。甚だ以て貴《たつとし》となす。これが為の故に以て来れるなり」という善導のことばの記載に引きずられたのではなかろうか。なお、建久九年の善導来現についてはあとで再説したい。

大原での機根論談義

顕真、法然に往生の道を尋ねる

「浄土宗見聞」(「勢観上人見聞」)第二話はつぎのように書かれている。

あるとき、法然が物語った。顕真《けんしん》座主(当時は法印)のもとから使者が遣わされて、比叡山へ上るついでにお目にかかり、申し承りたいことがあるので、必ず連絡されたいと言ってきた。そこで法然が[西]坂本に行くと、顕真は下座にて法然に会い、「この生涯でどうすれば迷いの世界を離れることができるだろうか」と問うた。法然は「どのようであれ、あなたの考えに過ぎるものはない」と答えた。顕真が「その通りだが、ただし[貴僧は]先学者なので、もし思い定めたる旨があるならば示したまえ」と言うと、法然は「自身のためには少々思い定めたる旨がある。ただ早く往生極楽を遂げたいものだ」と答えた。続いて顕真が「この生涯を終えてただちに往生しがたいから、このような質問をするのだ。どうすればこの生涯で容易に往生を遂げることができるのか」と尋ねると、法然は「成仏は難しいが、往生は得やすい。道綽《どうしやく》・善導らの考えによれば、阿弥陀仏の本願力を強い縁とするがゆえに、凡夫が浄土に往生できる」と答えた。その後は互いに何も話さず、法然は辞去した。

法然が帰ったあと、顕真が「法然房は知恵深遠ではあるが、偏執の失点がある」と語ったという。この話を人づてに聞いた法然は、「自分が知らないことには必ず疑いの心を起こすものだ」と言った。この法然の言葉を回りまわって聞いた顕真は、「本当にそうだ。私は顕密の教えを学問したが、それらはみな名利のためであって、浄土を志さなかったがゆえに、道綽・善導の釈義に目を通さなかった。法然房でなければ、誰がこの言葉を出そうか」と恥じて、大原の里にこもり、百日の間、浄土の章疏《しようしよ》（研究書）を拝見した。そして顕真は、「すっかり浄土の法門を見定めた。大原へ来臨して法談を願いたい」と法然に申し込んだ。

「浄土宗見聞」(「勢観上人見聞」)は法然が勢観房に語った一種の回顧譚《たん》だから、年次を明らかにしない場合が多く、この大原談義も年次を記さない。諸伝によれば文治二年(一一八六)、法然が五十五歳のときである。

機根比べは源空勝ちたりし

法然が京都の東山吉水に庵を構えて移り住んだのは、治承元年(一一七七)のころであった(伊藤一九八一)。このときから、浄土の法門を聞くために多くの人々が連日、東山の庵に押しかけたかのように思われがちだが、それは『行状絵図』の「東山の吉水に庵を結ぶ」(巻六第三段)の絵図のイメージが先行しているからだろう。法然は、往生の行業《ぎようごう》には称名の念仏が最もすぐれていること、他のもろもろの行を捨てて念仏を専修することが阿弥陀仏の聖意にかなうのだと確信した喜びを、人々と分かち合うには、なお熟考しなければならなかった。

当時の都では、火災や地震、飢饉《ききん》や疫病《えきびよう》の流行といった天災地変に加えて、源平の争乱(治承《じしよう》・寿永《じゆえい》の内乱)が始まり、まさしく「コノ世ノカハリノ継目」(『愚管抄』附録)の様相を呈していた。法然は木曽義仲《きそよしなか》が京都に乱入してきたときだけ、聖教《しようぎよう》を読むことができなかったと回顧しているが(『行状絵図』巻五『法伝全』一二三)、騒然たる世情のなか

図８　東山の吉水に庵を結ぶ（『法然上人行状絵図』巻６第３段より，知恩院所蔵）

にあっても、静かに研鑽《けんさん》を続けていたのである。そして、たまたま庵を訪ねてくるものがあれば、浄土の教えを説き、念仏を勧めるというように、布教態度はきわめて静かで穏やかなものであった。この点、日蓮とは対照的であった。

その法然が南都《なんと》・北嶺《ほくれい》の学僧や社会の各層から一躍注目されるようになったのは、文治二年秋の「大原談義」と呼ばれる討論会が契機である。先に述べたように、京都の東北の山里、大原の勝林院（一説に龍禅寺）に法然を招いて、浄土の法門に関する談義を聴聞することを発起したのは、天台宗の顕真法印であった。この大原談義には三論《さんろん》宗《しゅう》・法相

図９　顕真と大原勝林院で談義する（『法然上人行状絵図』巻14第２段より，知恩院所蔵）

宗・天台宗の碩学《せきがく》をはじめ、大原の近在にいた隠遁僧の聖《ひじり》たちも加わり、見聞する人も多く集まって来た。法然は、諸宗の修行の方法や悟りの様相について、こと細かに説示したうえで、つぎのように言い切った。

「これらの法門はみな教義が奥深く、利益もすぐれている。機（能力や資質、「根」ともいう）と法（教説や修行）が相応しておれば、悟りを得ることはきわめて容易であろう。ただし、私のような愚かで器《うつわもの》の劣るものには、迷うばかりで悟れない。私は聖道門《しょうどうもん》の諸宗を学び、出離の道を探し求めたが、どれも難しかった。これは時代が下り、機と法が一致しないからである。しかし、善導の解釈

と浄土三部経の主旨、そして、弥陀の願力を強い縁とするゆえに、知恵の有る人も無い人も、戒律を破る人も守る人も、極楽に往生できるのは、浄土門と念仏の行だけである」（『行状絵図』巻一四『法伝全』六二）。

論議は一昼夜に及んだが、法然は理をきわめ言葉をつくして、最後にこのように結んだ。「ただし、これは私の力量に応じて自己の心中に得た確証であって、機根のすぐれた人の学業や修行を妨げるものではない」と。（同上『法伝全』六三）。法然の理路整然とした言説、そして謙虚な態度に、その場に居合わせた顕真らは信服して、「姿を見れば法然上人、まことは弥陀如来の応現か」と感嘆した。やがて顕真の発起により、満座の聴衆が三日三晩、念仏を称えたという。また、談義が終わると、顕真はこの寺（勝林院）に五坊を建て、一向専念の行を相続し、称名《しょうみょう》のほかには余行《よぎょう》をまじえないと誓いを立て、その行を始めて以来、今に至るまで退転せずに続いているとある。

こうして大原談義は成功裏に終わり、顕真ら仏教界の上層部の学僧、あるいは念仏に関心をいだく隠遁の聖たちに、改めて法然の存在を知らしめる契機となったと思われる。大原談義に参会したと伝える学僧には、重源《ちょうげん》・明遍《みょうへん》・貞慶《じょうけい》・湛斅《たんごう》・智海・証真らがいた。しかし、彼らのすべてが法然の教説を認めたわけではない。なかには批判的な態度を取る人もいたであろう。法然が強調したのは、末法の世にあって、無智・破戒のものでも救われる時機相応の法門が「ただこれ浄土の一門、念仏の一行」であることを明確にすることであった。後年、法然は大原談義を回想して、大原にて聖道・浄土の論談を行ったとき、「法門」論では互角であったが、「機根」論ではこの源空が勝ったと言っている（醍醐本「三心料簡事」『昭法全』四五二）。浄土の教えこそが末世《まっせ》の人の機根にふさわしい教えであると宣言したのである。

この大原談義のあと、顕真は天台座主という最高位に任ぜられるが、ひとえに念仏の一門に入り、余の行を捨てたという。大原談義によって法然の名声が高まったのは当然だが、「談義ノ衆」（『沙石集』巻四）として、天台座主となった顕真や、東大寺再建に当たった重源などの大物がいたことから、後世にも長く語り伝えられていくことになる。

浄土宗を立つる意趣

凡夫往生のために浄土宗を立つ

ところで「浄土宗見聞」(「勢観上人見聞」)の第五話に、法然は「我《われ》浄土宗を立つる意趣は、凡夫の浄土に往生することを示さん為なり」と断言し、その理由として、もし天台の教えによれば凡夫《ぼんぷ》の往生を認めているが、その浄土を浅薄に判定している。もし法相の教えによれば浄土を甚深に判定するが、その浄土へ凡夫の往生を認めていない。諸宗の教義は異なるが、惣じて凡夫が浄土に生まれることを認めていないからである。善導の解釈によって浄土宗を立てれば、ただちに凡夫が報土《ほうど》(阿弥陀仏の浄土)に生じるということは明らかである。

そこで多くの人が誹謗《ひぼう》して言うには、「浄土宗という宗義を立てなくても念仏往生を勧めることはできよう。いま宗義を立てるのはただ他宗より勝れていることを示すためだ」と。しかしながら、法然は言う、「もし浄土宗という別の宗を立てなければ、どのようにして凡夫が報土に生まれる道理を明らかにできようか。もし人が来て、念仏往生というのは、何の教、何の師の考えなのかと尋ねたなら、天台にもあらず、法相にもあらず、三論にもあらず、華厳《けごん》にもあらず、いずれの宗、いずれの師の考えと答えようか。このゆえに道綽・善導の解釈によって、浄土宗を立てた。まったく他宗より勝れていることを示すためではない」と。

乱想の凡夫

右に述べたように、法然が浄土宗を別に立てた意趣は、凡夫が浄土に往生する論理を明らかにするためであった。他宗より勝れていることを誇示する「勝他」のためではないかという誹謗に対して、「若し別宗を立てずば、何ぞ凡夫の報土に生まるるの義を顕かにせん」と答えている。凡夫とは仏教の理解や実践に乏しく、凡庸で愚かな者をいうが、とくに善導は「罪悪生死の凡夫」の語を用いる。みずからがつくった罪業や煩悩によって、迷いの世界を流転し、生死をくりかえす人々を指す。法然は

「乱想の凡夫」の用語を使い、『念仏往生要義抄』に、善導の「一切仏土みな厳浄なれど、凡夫の乱想は恐らくは生じ難し」という釈を受けて、「［善導は］一切の仏土は厳妙なれども、乱想の凡夫は生《うま》るる事なしと釈し給ふ也。（中略）しかればわれらが身をもって、どうすれば生死を繰り返す迷いの世界を離れることができようか。（中略）悲しいかな、［我らの］善心は年ごとに薄くなり、悪心は日ごとに強くなる。されば古人の諺にいわく、煩悩は身に備《そ》える影、去ろうとしても去らず、菩提《ぼだい》は水に浮かぶ月、取ろうとしても取ることができない、と。このゆえに阿弥陀仏が、五劫《ごこう》という長時間も思惟して、たて給うた深重の本願というのは、善悪をへだてず、持戒破戒をきらわず、在家出家をもえらばず、有智無智を論ぜず、平等の大悲を起こして、仏になり給うたので、ただ他力の心に定めて念仏申せば、ほんのわずかな一瞬の間に阿弥陀仏の来迎《らいこう》に預かることができる」と述べる（『昭法全』六八四）。

法然は、善悪・持戒破戒・在家出家、有智無智を問わず、すべての人に平等の大悲を起こして仏になりたもうた阿弥陀仏の本願に心をかけて念仏申せば、乱想の凡夫でも阿弥陀仏の来迎にあずかることができるという。さらに法然は、自己のうちに見る、あるいは他人のうちに見る、凡夫性の自覚に基づいて、念仏の教えを自己の教えとし、またすべての人の救いの教えとした（高橋一九九四）。だからこそ凡夫が往生するためには、浄土の別宗を立てねばならなかったのである。ここに法然は浄土「立宗」を外向的に宣言したのである。

一向専念の義は経釈に基づく

第六話は、「私［法然］が一向専念の義を立てたところ、多くの人が誹謗して言うには、たとえ諸行を修してもまったく念仏往生の妨げにはならない、どうして強引に一向専念の義を立てるのか、これは大いに偏執の義である、と。このような非難をするのは、浄土宗の教えの由来を知らないからである。観無量寿経には「一向専念無量寿仏」とあり、『観経疏《かんぎょうしょ》』ではそれを「一向専称弥陀仏名」と解釈している。もし、私が経文や釈文を離れて私的にこの教えを立てるなら、まことに責められても仕方ない。人がこれを非難しようとすれば、まず釈尊を誹謗し、つぎに善導を誹謗すべきである。その咎《とが》はまったく私には及ばない。その後、弟子の過ちによって、讃岐《さぬき》国に流罪になったとき、一人の弟子に対して、一向専念の教えを述べたところ、西阿という弟子が推参して、『このような教えは決してあってはならないことです。

皆さん方もご返事を申してはなりません』と押しとどめたので、汝は経文や釈文を読んでいないのかと尋ねると、西阿は『経や釈にはそのようにありますが、「今はただ」世間の非難を思うばかりです』というと、私は頸を切られることがあったとしても、このことは言わずばなるまい」と語っている。

このように「一向専念」「一向専称」の教えを誹謗する論者がいた。それに対して法然は経釈に基づき主唱していると非難をかわし、流罪におもむく矢先であっても「一向専念の義」を弟子に語っている。一向専念・一向専称とはひたすら念仏に専念し、ひたすら念仏を称えることであり、法然は『法然聖人御説法事』（『逆修説法』の異本）において、「コノ経（無量寿経《むりようじゆきよう》）ハヒトヘニ専修念仏ノムネヲ説テ、衆生ノ往生ノ業トシタマエルナリ」（『昭法全』二二七）、あるいは「コレスナハチ念仏ノ一行、カノ仏ノ本願ナルガユヘナリ。サレバオナジク往生ヲネガハム人ハ、専修念仏ノ一門ヨリイルベキナリ」（『昭法全』一九八）とも言って、「専修念仏」の概念を導入している。なお、善導においては「専修」は「雑修」の対義語であり、念仏を指示するが、法然にあっては「専ら念仏を修する」の意味において用い、「一向専修」とも言う。

浄土宗を立つる文

第十九話によると、法然が九条兼実《くじょうかねざね》のもとへ参じていたとき、比叡山に住む修道者が一人居合わせて、「まことに浄土宗を立てたまえるや。いずれの文によって立てたまえるや」と問うた。法然が「善導の『観経疏』の中の付属の釈について立てるなり」と答えると、また「宗義を立てるほどのことに、何ぞただ一文によって立てたまえるや」と問うたので、法然は微笑して物も言わなかった。この修道者が山に帰り、宝地房の証真法印にこのことを語り、「法然房はまったく返答できなかった」と述べたところ、証真法印は「かの上人が何も物言わなかったのは、言うに足らないからである。法然房は天台宗に精通し、そのうえ諸宗にわたって学習しておられる。智慧の深いことは常人を超えている。だから返答するに及ばずと思って、物も言わなかったのだ。決して僻見《へきけん》を起こしてはならない」といましめた。

この第十九話は、法然が浄土宗を立てたときに依拠した、いわゆる開宗（立宗）の文とは何かについて語る。浄土宗では弁長の『徹選択集』において、法然のことばとして、

ここに予が如き者すでに戒定慧の三学の器に非ず。この三学の外に我が心に相応する法門ありや、この身に堪能なる修行ありやと、万人の智者に求め、一切の学者に訪《とぶら》

へども、これを教ゆる人なく、これを示す倫《ともがら》（仲間）なし。然る間、歎き歎きて経蔵に入り、悲しみ悲しみて聖教に向かひ、手自《てずから》これを披きてこれを見るに、善導和尚の観経の疏に、一心専念弥陀名号、行住座臥、不問時節久近、念念不捨者、是名正定之業、順彼仏願故と云へる文を見得るの後、我等ごとき無智の身は、偏にこの文を仰ぎ、専らこの理を憑《たの》み、念念不捨の称名を修して、決定往生の業因に備ふれば（後略）」（『浄全』七―九五）

とある。「一心専念弥陀名号、行住坐臥、不問時節久近、念念不捨者、是名正定之業、順彼仏願故」（一心に専ら弥陀の名号を念じて、行住座臥に時節の久近を問はず、念念に捨てざる者、これを正定の業と名づく。かの仏の願に順ずるが故に）という文を指すのが定説となっている。

ところが、「浄土宗見聞」（「勢観上人見聞」）ではこの文ではなく、同じく『観経疏』の付属の釈である「上来雖説定散両門之益、望仏本願、意在衆生一向専称弥陀仏名」（上来定散両門の益を説きたまふと雖《いえど》も、仏の本願に望むれば、意《こころ》衆生をして一向に専ら弥陀仏の名を称せしむるに在り）（『浄全』二―七一）という文にあったと記す。

いわゆる開宗の文に二説あることに関して、「一心専念弥陀名号」の文は、一向専念の行を阿弥陀仏の聖意に順ずるという一点において捉え、直接的であるのに対し、「上来雖説定散両門之益」の文は、阿弥陀仏の本願の聖意をみずからの出世の本懐とした釈尊が弥陀本願の聖意を阿難に付属し、流通せしめるという点において間接的である、という相違があるという（藤堂一九九六）。しかし、了慧は『選択集大綱抄』に、浄土宗において宗義を立てることは、『選択集』第十二章の「釈尊定散の諸行を付属せず、ただ念仏を以て阿難に付属したまふの文」の経釈によるべきことを強調し、「伝へ聞く、黒谷の上人、月輪禅定殿下に参向したまひし時」という書き出しで、「浄土宗見聞」（『勢観上人見聞』）第十九話の概要を引き、「これを以てこれを案ずるに、宗義を成立すること、ただこの文に在り。（中略）弥陀の本願、釈尊の付属、意ここに在り。この宗は既にこれ弥陀の教へなり。宗義を立つる時、あに弥陀本願の意に背かんや」と述べる（『浄全』八―六二）。了慧の見解にしたがえば、諸宗の人に向かって公言するときの浄土立宗の文は「上来雖説定散両門之益」の文ということになる。そもそも「開宗」は自己の心から発現することばであり、「立宗」は教相判釈を終えて外部者に発することばなのである。

東大寺講説

女人往生の願

ところで、浄土宗を「立宗」した法然が、外部者に向かって「浄土宗」の教義を体系的に発言したのは、東大寺講説であろう。東大寺での三部経講説は大原談義とならんで法然が取った積極的な布教活動である。東大寺は、治承四年（一一八〇）十二月、平重衡《たいらのしげひら》の放った火にかかり炎上し、大仏も頭と手が溶け落ちてしまった。朝廷は翌年すぐに東大寺再建のことを決め、天平の行基《ぎょうき》にならって、人々に造営費の寄進を勧める「勧進《かんじん》」の役に重源《ちょうげん》を登用した。重源は法然よりも十二歳年長の僧で、みずから「南無阿弥陀仏」と名乗り、また、信者に「見阿弥」「浄阿弥」などと阿弥号を授けたように、阿弥陀信仰を実践した念仏聖であった。大原談義に弟子らを率いて法然の側に座るなど、法然の「同行《どうぎょう》」であったと思われる。

　文治六年（一一九〇）二月、工事半ばの東大寺で、法然が重源の要請に応じて、観経曼《まん》荼羅《だら》と浄土五祖像の供養にちなんで、浄土三部経を講説したのである。大仏と結縁《けちえん》した僧俗・男女が数多く集まり、彼らに浄土の教えと口称《くしょう》の念仏が最もすぐれていることを知らしめる絶好の機会であった。

　浄土三部経とは無量寿経、観無量寿経、阿弥陀経の三部を言うが、講説の内容を記したものが『漢語灯録』に収められている。経典の解釈を通じ、善導の教義によりながら自己の見解を述べているので、このとき法然の教学的な理論が完成したと言える。のちに主著となる『選択集』の骨格ができあがっているからである。

図10　東大寺で浄土三部経を講説する（『法然上人行状絵図』巻30第５段より，知恩院所蔵）

そのなかで筆者が最も関心を引くのは、『無量寿経釈』のなかで「女人往生の願」を語っている箇所である。インド仏教の時代から女性は「五障」の身をもって差別視されてきた。「五障」とは梵天《ぼんてん》・帝釈《たいしゃく》・魔王《まおう》・転輪王《てんりんおう》・仏《ほとけ》の五つにはなれないとする。五障は「成仏や往生の妨げとなる煩悩や罪」と解されて、女性が先天的に持つ罪障とか悪業とかの意味で使われてきた。したがって、女性が本当に往生できるのか、という疑いが法然に寄せられて当然であった。法然は無量寿経を講説したとき、つぎのように述べた。

阿弥陀仏の四十八願の第三十五願に「女人往生の願」がある。第十八願の「念仏往生の願」は男女に共通するのだが、［阿弥陀仏が］さらに別に願を立てられたのは、女性は罪障が重くて往生できないのではないかと疑心を起こすからである。なぜなら女人は罪多く障り深いので、経典ではいっさいの修行者に嫌われている。また、この日本国の霊山・霊地でも女人は嫌われている。比叡山も高野山も、女人の登山を禁じているではないか。東大寺の大仏も遠くから拝めても扉のなかには入れない。笠置山《かさぎやま》の弥勒《みろく》石像も仰ぎ見ることはできるが壇の上には登れない。両足・両眼がありながら、登れない霊山、拝めない霊像がある。この穢土《えど》（迷いの世界）の瓦礫《がれき》の山や泥木の仏像でさえ障りがあるのなら、いろいろの宝で成り立つ浄土の阿弥陀仏を拝むことは、とうていかなわないことだ。善導大師は「女人往生の願」を解釈して、女人が弥陀の名号を唱えれば、弥陀がお手を差し出し、菩薩が体を添えて蓮華《れんげ》の台に座らせ、仏の集まりに仲間入りができる、と言っておられる。これこそが女人の苦しみを抜き、楽を与える仏の慈悲である、と（『昭法全』七五～七八）。

このように法然が話したとき、聴衆の女性たちは勇気づけられたに違いない。実際に女人禁制の寺院があり、女性蔑視が存在し、それが長らく解かれなかった歴史の現実にかんがみて、法然が女人往生を懇切に語ったのは、画期的なことだと言わざるを得ないのである。

法然と後白河法皇

従来の宗史では、法然が後白河《ごしらかわ》法皇・高倉天皇・後鳥羽《ごとば》上皇に授戒したというので、「三朝の戒師」と呼ばれているが、いずれの上皇・天皇への授戒についても、遺憾ながら傍証史料に欠ける。しかしながら、後白河法皇は法然に帰依されていたようである。

後白河法皇は、大治二年（一一二七）に鳥羽上皇の第四皇子として生まれ、久寿二年（一一五五）皇位につき、翌年に起きた保元《ほうげん》の乱で崇徳《すとく》上皇らを退け、保元三年（一一五八）二条天皇に譲位して、院政を始めている。院政は三十年余りにわたり、「治天の君」として権勢を誇った。時代は貴族社会から武家社会への変わり目に当たり、平清盛《きよもり》・木曽義仲・源《みなもとの》頼朝《よりとも》らが台頭する動乱期であった。法皇は、彼らと対決や妥協をくりかえし、みずからの権勢の維持に努めて、文治五年に頼朝が奥州の藤原氏を滅ぼすに及んで、長い戦乱に終止符を打ち、政局の安定をもたらした。

法皇は芸能を好み、今様《いまよう》を編集するなど、特異な才能の持ち主であったが、政治のかたわら、仏道の修行に励んでいる。社寺への参詣も多く、熊野詣《くまのもうで》は歴代最多の三十四回を数えている。最期は「往生極楽は朝夕の御のぞみなりければ、臨終正念みだれず」と言われている（『六代勝事記』）。

法然がかかわった仏事を簡単に紹介すると、文治四年、法皇が白河の押小路《おしこうじ》殿で如法経供養（法華経を規定の作法に従って書写する法会）を行われたとき、法然は天台宗の高僧に交わって招かれ、しかも第一の座に着いて、儀式を主導している。「勅喚ありて、御先達つとめらる」と記す『行状絵図』巻九は、一巻分をこの如法経供養の記事に充てる。詳細な儀式次第の記事は藤原定長が書いた「文治四年後白河院如法経供養記」によっていることが判明し（菊地二〇〇七）、史料的信憑性は高い。

建久三年（一一九二）二月、法然は西洞院の六条殿に召され、法皇の臨終の善知識をつとめている。臨終の善知識とは、臨終を迎える人を導く僧を言うが、法皇の臨終のこと書き留めた九条兼実の日記『玉葉《ぎょくよう》』には「善知識上人湛敬本成房、仁和寺宮、勝賢僧正」とあって、法然の名をあげていない（建久三年三月十三日条）。しかし、無位無官の法然は法皇に近侍しなくとも、「後白河法皇最後の御時、上人御善知識にめされて、まいり給けるとき、御室も御参会ありけるに」とあって（『行状絵図』巻四『法伝全』一五）、仁和寺宮守覚法親王と出会っているので、善知識僧の一群にいたと考えられる。

後白河法皇の善知識のことは、浄土宗側にも史料があって、弁長の『末代念仏授手印』裏書の「念仏往生浄土宗血脈相伝手次事《てつぎ》」に、「後白河の法皇御臨終の時、御善知識に召され、善知識の身を以て、早く太上法皇に一向専修の念仏を教授し奉る」とある（『浄全』一〇―九）。ただし、ここでは法皇に授戒したとは言っていない。

建久三年の秋、法皇の菩提のために、八坂《やさか》の引導寺で六時礼讃《ろくじらいさん》を修し、元久元年（一二〇四）三月、法皇十三回忌に当たり、蓮華王院で浄土三部経を書写し、併せて六時礼讃を修している（『行状絵図』巻一〇『法伝全』四四〜四七）。これらは法然と法皇の関係を物語っている。

ところが、『行状絵図』の後白河法皇に関する記事は、宮廷との関係を強めることで権威を高めたいと意図する伝記作者による造作であって、史実ではないと決めつける学説がある（田村一九五六）。はたしてそうだろうか。後白河法皇が法然に対して深く帰依《きえ》されたことが伝記における造作であって、架空のことだと見なす学説に筆者が反対するのは、法然自身の言葉によって、法皇との深い関係がうかがえるからである。

東大寺での三部経講説の原稿だと言われる『阿弥陀経釈』に、法然の勧めで東大寺再建に尽力した重源と法皇とには多年の厚誼があって、この講説を断りきれなかったと述べ、そして、「冀《こいねが》はくは法皇と世々生々、大因縁を結んで永く法友とならんこと」をと書き記している（『昭法全』一四七）。東大寺講説は法皇の要請でもあったが、さらに法然が法皇と生まれ変わっても永遠に続く結縁《けちえん》を願っているのは、単なる美辞麗句ではないと思われる。

つぎに、「十二問答」の第十の問答に、「自力・他力のことはどのように心得たらよいのか」という問いに、法然は「源空は殿上へ参ることのできる器量ではないが、上《かみ》から召されて二度も参った。これは私が参るべき事柄ではないが、上のお力である。まして阿弥陀

図11　十種供養（『法然上人行状絵図』巻９第４段より，知恩院所蔵）

仏の仏力によって、称名の本願にこたえて来迎して下さることは、何の不審があろうか」と答えている（『昭法全』六三七）。この「上」は、阿弥陀仏になぞらえて言っているので、「治天の君」である法皇をおいて他にはないと思われる。そこで、法然が後白河法皇の如法経供養に招かれたこと、臨終の善知識を勧めたことの二回を指すものと考えられ、これらは史実だと見なされる。

建久九年の出来事

三昧発得と『選択集』の撰述

三昧発得を体験

建久九年（一一九八）という年は、六十六歳をむかえた法然《ほうねん》にとって大変な年であった。この年、法然に限らず、栄西《えいさい》は『興禅護国論』を著わして禅《ぜん》の興隆への第一歩を踏み出し、二十六歳の若い明恵《みようえ》にとっても、一生のうちの大きな画期（紀州に戻り『唯心観行式』と『随意別願文』を著わして実践）ということのできる年であった（末木一九九八）。

とりわけ法然にとっては重大な年であった。醍醐《だいご》本『法然上人伝記』所収の「三昧発得《さんまいほっとく》記《き》」によると、以下のような体験をした。

図12　三昧発得を体験する（『法然上人伝絵詞』巻5より，妙定院所蔵）

この年正月一日、山桃の法橋《ほっきょう》教慶のもとより帰ったあと、未《ひつじ》の時（午後二時ごろ）より恒例の毎月七日間の〔別時〕念仏を始めた。（正）一日《ついたち》には明相（明るさの兆し）が少し現れた。二日には水想観（水や氷の清らかなさまを想って、極楽浄土《ごくらくじょうど》の瑠璃《るり》地を観想《かんそう》する方法）を成就した。惣じて念仏を七日間申す間に、地想観（極楽浄土の大地を観想するもの。水想観を行ってその想を散失させないための観想）のなかに瑠璃相（極楽浄土の瑠璃地の様相）を少し見た。〔この後、予定の七日間を五十日間に延長し〕二月四日の朝、瑠璃地がはっきりと現じた。六日の後夜《ごや》（午前四時ごろ）に瑠璃宮殿の相が現じた。七日の朝に重ねてまた宮殿の類に似た相が現じた。惣じて水想・地想・宝樹・宝地・宮殿の五観、正月一日より始めて二月七日に至るまで三十七日の間であった。毎日七万反の念仏を不退に（怠りなく）つとめた。この念仏によってこうした霊妙な相が現ずるのであった。

二月二十五日より初めて明るい場所で目をあけると眼根より仏が現れ、赤い袋の瑠璃壺を見た。その前には眼を閉じても見えたが、［今度は］眼を開けると消えた。二月二十八日、病のために日に一万あるいは二万に念仏をひかえた。その後、左眼に光明を放つことがあって、その光の端は赤かった。（中略）八月一日、本のごとく七万反の念仏を始めた。九月二十二日の朝、地想が明らかに現じた。闇《くら》く円形の七、八段ばかりであった。その後、二十三日の後夜から朝方にかけてまた明らかに現じた。

正治二年（一二〇〇）二月のころ、地想等の五観、行住坐臥に意《こころ》にしたがい、心に任せ、運《とき》に任せて現じた。翌三年二月八日（二月十三日に建仁に改元）の後夜に、鳥の声、琴の音、笛の音などをきいた。その後は日にしたがい自在に音を聞くことができた。［翌年の］正月五日には三度も勢至菩薩と背後に丈六《じょうろく》ほどの［勢至菩薩の］面像が現じた。これは西の持仏堂に安置してある勢至菩薩の形であった。丈六の面像とは、この菩薩は念仏法門をもって所証（悟りの内容）の法門となすので、念仏の声をきいて出現された相であるから、疑うべきでない。同月の二十六日、初めて座所の下に四方一段ばかりの青い瑠璃地があった。

今になって考えると、経と釈により往生疑いなし、地観の文に疑いなしと心得るべきである。建仁二年（一二〇二）二月二十一日に、高畠の少将殿と持仏堂にて面謁した。その間も例のごとく念仏を修していると、阿弥陀仏の後ろの障子より徹通して仏面が現れた。大きさは丈六仏の面で、たちまちに隠れたもうた。二十八日の午《うま》の時（午後零時ごろ）であった。元久三年（一二〇六）正月四日、念仏の間に三尊が大身で現れた。また、五日も同様に現じた。

「三昧発得記」は以上の記載で終わる。文の冒頭に「上人《しょうにん》存生の時、口称《くしょう》三昧《さんまい》を発得《ほっとく》し、常に浄土の依正《えしょう》（極楽国土と阿弥陀仏身）を見る。以て自らこれを筆し、勢至房（観）にこれを伝ふ」、末尾に「この三昧発得の記は、年来の間、勢観房秘蔵して披露せず」とある。法然自筆の記録があって、勢観房（源智《げんち》）が秘匿していた。法然が最晩年の建暦二年（一二一二）正月十一日に、病床の法然自身が「おほよそこの十余年よりこのかた、念仏功つもりて、極楽の荘厳をよび《及》仏菩薩の真身をおがみたてまつる事つねの事なり。しかれどもとしごろは秘していはず」（『行状絵図』巻三七『法伝全』二四三）と述懐しており、法然の口称念仏による三昧発得（心を集中させ散乱しない状態において、仏身や浄土の荘厳などを感見すること）は確かである。二月の末から七月の末までの五ヵ月もの間、病気にかかり、念仏の数遍を七万から一、二万に減じたが、この年は九月まで三昧に入った状況は継続している。

選択と廃立

三昧発得という崇高な宗教体験は、建久九年の正月から始まり、元久三年の正月までの八年間、断続的に行われた。この期間こそ法然にとって大きな転換期をむかえるのである。まず主著の『選択集《せんちゃくしゅう》』の撰述。書名は『選択本願念仏集』、すなわち「［阿弥陀仏の］選択し給える本願念仏［の要文を］集［めたもの］」という意味である（石井一九五九）。法然の思想形成について、天台的浄土教受容期、浄土教思想確立期、選択本願念仏思想確立期の三段階をへると言われているが、選択本願念仏説が唱えだされるのは、文治六年（一一九〇）の東大寺における三部経講説のころと考えられている（大橋一九七一）。

これまで『選択集』と言えば、「選択」を定義した第三章だけが注目される傾向にある（平一九九二・二〇一八）。ところが、第四章の「廃立《はいりゅう》」の語も「選択」と同義であるという見方がある（松本二〇〇一）。

この「廃立」について補足説明をしておこう。余行と念仏の関係について、法然は「何ぞ余行（諸行のこと）を棄てて、ただ念仏というや」と自問し、「一つには諸行を廃して、念仏に帰せしめんが為に、諸行を説く。二つには念仏を助成《じょじょう》せしめんが為に、諸行を説く。三つには念仏と諸行との二門に約して各《おのおの》三品《ぼん》を立てんが為に、諸行を説く」と自答し、三つのケースを想定する。

凡《およ》そかくの如きの三義、不同ありと雖も、ともにこれ一向念仏の為にする所以《ゆえん》なり。初めの義は、即ちこれ廃立の為に説く。謂《いわ》く、諸行は廃の為に説き、念仏は立の為に説く。次の義は、即ちこれ助正《じょしょう》の為に説く。謂く、念仏の正業を助けんが為に諸行の助業を説く。後の義は、即ちこれ傍正の為に説く。謂く、念仏諸行の二門を説くと雖も、念仏を以て正となし、諸行を以て傍となす。（『浄全』七―一二七）

念仏と諸行の関係を、諸行は念仏を「立」するために説かれ（「廃立の義」）、諸行は念仏を助けるために説かれ（「助成・助正の義」）、念仏と諸行の二門は、念仏を「正」とし、諸行を「傍」とするために説かれた（「傍正の義」）という三義で説明する。法然としてはめずらしく、この三義のうち、「殿最《でんさい》」（優劣）は知りがたいので、学者の「取捨」にまかせるといっている。ここで筆者の私見を述べれば、「廃立」は「廃」された対象を無価値化、「立」された対象を絶対価値化してしまうので、より厳しい表現であり、取捨や摂取を意味する「選択」に代わる概念にはならないと思われる。

三昧発得と善導の来現

さて、証空の作と伝える『選択蜜要決』巻一に、

この［選択］集は［つぎのように成立した］。月輪禅定殿下（九条兼実）が、毎月の授戒に法然を参上せしめていた。然るに［法然が］六十有余の時、暇《いとま》を申して籠居し、証空をもって代わりに参上させた。これによって［月輪禅定］殿下より仰せありていわく、「面謁の時にたまに［浄土を］願う心に疑いがある。往生の信心を増進せしめんが為に、抄物（経典等の抜き書き）を記し賜わりたい」と。これによって法然六十六の春、建久九年三月、この［選択集］の文を撰せられた時、人を簡びて［他の者を］座に在らしめなかった。真観（感西）ありて法門

の教義を談じ、証空ありて経釈の要文を引き、安楽（遵西）ありて筆を執りてこれを書いた。（浄全八―二四七）

とある。建久九年三月という年月が撰述の開始なのか、終了の時点なのか、よくわからないが、前後数ヵ月の幅を持たせたとしても、法然は三昧発得の最中にあった。『選択集』第十六章に、「問て曰《いわ》く、浄土の祖師その数また多し。謂く弘法寺の迦《か》才《ざい》、慈《じ》愍《みん》三蔵等これなり。何ぞ彼等の諸師に依らずして、ただ善導一師を用ふるや。答て曰く、これ等の諸師、浄土を宗《しゅう》とすと雖も、未だ三昧を発《おこ》さず。善導和尚は是れ三昧発得の人なり」と、三昧発得の人であるゆえに、「偏に善導一師に依る」趣旨のことを述べている（浄全七―七二）。

これは『選択集』の撰述が法然の三昧発得中に行われたことを意識した表現であり、『行状絵図』に「この書（選択集）を選進せられてのち、同年（建久九年）五月一日、上人の夢のなかに善導和尚来応して、汝専修念仏《なんじせんじゅ》を弘通するゆへに、ことさらに来れるなりと示したまふ。この書冥慮《みょうりょ》（目に見えない世界の配慮）にかなへる事しりぬべし。ふかく信受するにたれり」と、『選択集』の撰上のときに善導が来現したという（巻一一『法伝全』五〇）。法然の夢中に善導が来現したことを従来の浄土宗史では「二祖対面」と称するが、それは四十三歳、承安五年（一一七五）の浄土開宗のときだと言われている。

大徳寺本『拾遺漢語灯録』所収の「浄土宗見聞」（「勢観上人見聞」）第一話に、「二祖対面」をつぎのように記す。——法然は出離の道にわずらい、身も心も安からず、『往生要集《おうじようよう しゆう》』を手がかりに、『観経疏』を熟読して、ついに凡夫が称名の念仏によって浄土に往生できる道理を得た。自身の出離においては思い定めたが、他人にこの教えを広めようとしても、時機にかない難い。そう思い悩みつつ眠る夜の夢のなかに、生身の善導が出現した。腰より下は黄金の色、腰より上は常の人のようであった。善導は法然に「汝は不肖の身だが、専修念仏を広めるゆえに来た。われは善導なり」といった。その後、この教えは年々に繁昌し、流布しないところはなかった——。

ここに「専修念仏」の語が見えることの疑問はすでに指摘した。親鸞《しんらん》の曾孫の覚如《かくによ》が書いた『古徳伝』も「浄土宗見聞」（「勢観上人見聞」）と同様の話となっているが、「善導は則是《これ》弥陀の化身なれば、詳覈《しようかく》（詳しく明らかにする）の義、仏意に協《かない》けりとよろこびたまふ」と評語する（巻三『法伝全』五九七）。善導の来現は、法然が詳しく考究して見出した教義が仏意にかなっていることを示したという。この方がよく意味が通じる。一方の建久九年五月の善導来現は、選択集が善導の「冥慮にかなへる事」を知らせるためであった。そのことを「ふかく信受するにたれり」とは、法然が浄土宗の奥義を善導より面授されたと確信したことを言うのではなかろうか。

古代人の、というよりも、むしろ前近代の人は、考えあぐねたときに、神仏の啓示をあおぐのが常であった。夢のうちに神仏の声を聴き、神仏の姿を拝し、その啓示にしたがうことで解決策や方向づけを見出した。夢は人と神仏が交わる回路であり、そこに現れるのは他界からの信号だと考えていた（西郷一九七二）。だからこそ、夢を通して神仏の啓示が告げられる「夢告」や神仏の「来現」を信じ、最も尊んだ。法然は阿弥陀の化身だと伝えられる善導の来現を、自身が浄土宗の奥義を面授されたと確信したとしても、何ら不思議ではない。

選択の一義

さて、『選択集』の最大の特色は法然が創唱した「選択」の教理にあった。浄土宗の第三祖良忠が第二祖弁長から聞いたことばとして、「先師《弁長》の云く、故上人《法然》の云く、諸師文を作るに必ず本意一つあり。慧心《源信》は因明直弁の義を立て、善導は本願念仏の一義を釈す。予《法然》は選択の一義を立てて選択集を造るなり」と、『浄土宗要集聴書』に書き留めている（『浄全』一〇―二六二）。この法然の言葉は、著述には必ず「本意」があるもので、源信は因明直弁の義、善導は本願念仏の義、そして法然自身は選択の義を立てたというのである。これは法然の『選択本願念仏集』の書名の由来を

選択・本願・念仏

解き明かすと同時に、法然の思想形成の階梯《かいてい》（段階）を示唆している。

法然は源信の念仏を通じて善導の本願念仏に洞達し、さらに「選択」というまったく新しい概念を創唱していたのである。『選択本願念仏集』の書名の「念仏」について、源信の念仏に関する因明直弁の義により、「本願」は善導の本願念仏の義により、「選択」は法然の考えによることを、法然自身が明かしている。

源信の因明直弁の義とは、『往生要集』第八章「念仏証拠」の、「［念仏以外の］余の行

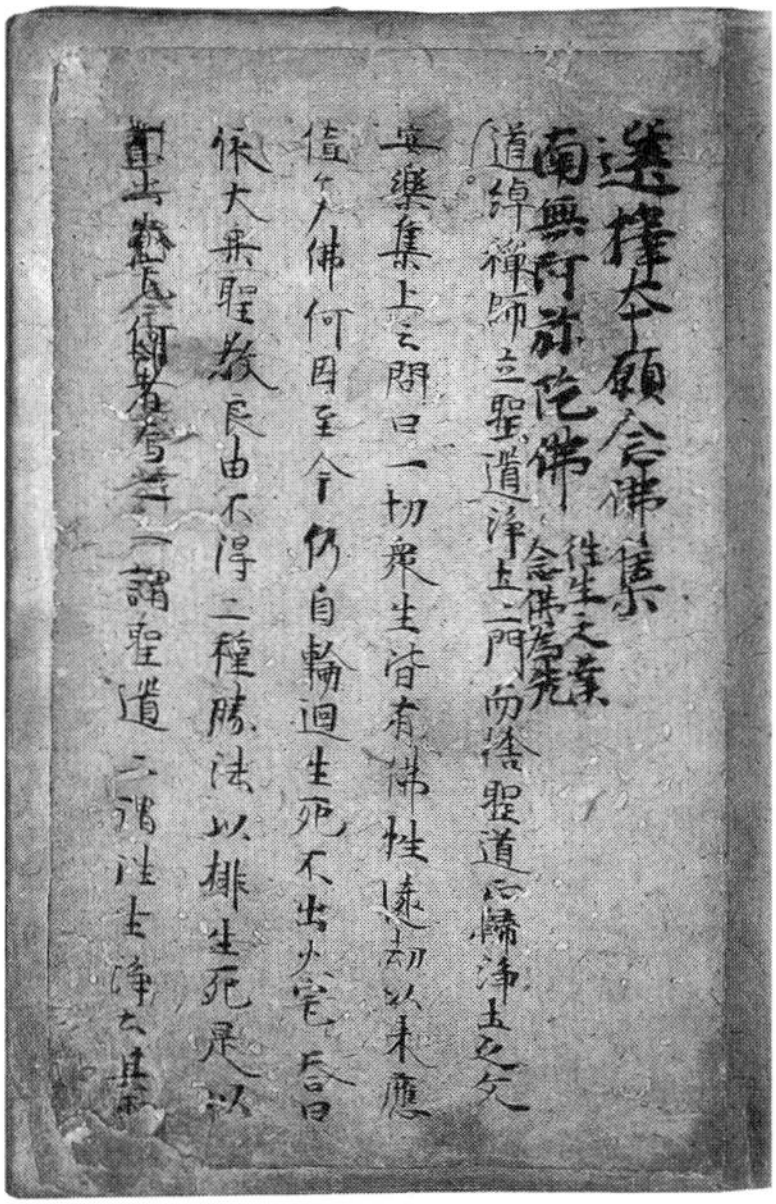

図13　『選択本願念仏集』（廬山寺所蔵）

法は、かの法の種々の功能《くのう》（功徳）を明かすに因んで、その中に自《おのずか》ら往生の事を説く。直に往生の要を弁じて、多く念仏と云ふに如《し》かず（まさるものはない）」という文章に基づいている。良忠の聞き書きのもとになった弁長の『浄土宗要集』には「諸経に明かす所の往生はこれ因明の往生なり。阿弥陀経に明かす所の往生は直弁の往生なり」といい（『浄全』一〇―一七四』）、因明の往生は迂回道で、直弁の往生は直道だと比喩する。「因明直弁の義」とは、余行はいくつかある働きの一つとして付随的に往生が明かされるが、それは回り道にすぎず、一方の念仏は往生の要点を直接に述べ、それが往生への直道である、という教えを源信は強調したのである。

善導の本願念仏の義とは、『観念法門』に「無量寿経の四十八願の中に説くが如き、仏の言《のたまわ》く、もし我《われ》成仏せんに、十方の衆生我が国に生ぜんと願じて、我が名字を称せんこと、下《しも》十声に至らんに、我が願力に乗じてもし生ぜずんば、正覚を取らじと。これ即ちこれ願往生の行人、命終わらんと欲する時、願力摂して往生を得さしむ」（『浄全』四―二三三）、また、『観経疏』散善義に「上来定散両門の益《やく》を説きたまふと雖《いえど》も、仏の本願に望むれば、意《こころ》衆生《しゆじよう》をして一向に専ら弥陀仏の名を称せしむるにあり」（『浄全』二―七一）

と述べるように、［称名の］念仏は阿弥陀仏が本願に誓われたところの行である、という教えを意味する。

法然は「選択」について、『選択集』第三章において、大阿弥陀経（無量寿経の異訳）に見える選択の語を釈して、「この中の選択とは、即ちこれ取捨の義なり」、双巻経（無量寿経）にも摂取の意において選択の義があるとして、「選択と摂取とその言《ことば》は異なりと雖も、その意これ同じ」と定義し、阿弥陀仏の四十八願の第一願（無三悪趣の願）を例に、「その三悪趣（地獄・餓鬼・畜生の三悪道）ある麤《そ》悪の国土を選捨して、その三悪趣なき善妙の国土を選取するが故に選択と云ふなり」と、その後の一々の願に即して、麤悪の国土を選捨して、善妙の国土を選取するがゆえに選択なりと説明する（『浄全』七―一七以下）。選択とは選捨・選取の意味だという。そして、

　第十八の念仏往生の願とは、その諸仏の土《ど》（国土）の中において、或《あるい》は布施《ふせ》を以て往生の行とするの土あり。或は持戒《じかい》を以て往生の行とするの土あり。或は忍辱を以て往生の行とするの土あり。或は般若第一義を信ずる等これなりを以て往生の行とするの土あり。（中略）或は起立塔像、飯食沙門および孝養父母、奉事師長等の種種の行を以て、各《おのおの》往

生の行とするの国土等あり。或は専らその国の仏名を称して往生の行とするの土あり。（中略）かくの如く往生の行種種不同なり。具に述ぶべからず。即ち今は前の布施持戒ないし孝養父母等の諸行を選捨して専称仏号を選取す。故に選択と云ふなり。

と明言する。

第十八願の趣旨

第十八願の趣意は、布施・持戒および孝養等の諸行を選捨し、もっぱら阿弥陀仏の名を称えることを選取すること、これを選択というのである。さらに、「何が故ぞ第十八の願に一切の諸行を選捨し、ただ偏に念仏の一行を選取して往生の本願とするや」との問に、「聖意《しょうい》（仏の真意）測り難し。輙《たやす》く解することはず」と、仏のみ心によって、念仏の行を選択し往生の本願になされたと答える。今試みに解せば勝劣と難易の二義があるとし、「念仏はこれ勝、余行は劣なり」、「念仏は修し易く、諸行は修し難し」と、念仏が余行・諸行よりすぐれて修しやすき理由をあげる。とくに修しやすき点に関して、

もしそれ造像起塔を以て本願としたまはば、貧窮困乏の類は、定めて往生の望を絶たん。然《しか》るに富貴の者は少なく、貧賤の者は甚だ多し。もし智慧高才を以て本願とした

まはば、愚鈍下智の者は、定めて往生の望を絶たん。然るに智慧ある者少なく、愚痴なる者は甚だ多し。もし多聞多見を以て本願としたまはば、少聞少見の輩《ともがら》は、定めて往生の望を絶たん。然るに多聞の者は少なく、少聞の者は甚だ多し。もし持戒持律を以て本願としたまはば、破戒無戒の人は定めて往生の望を絶たん。然るに持戒の者は少なく、破戒の者は甚だ多し。自余の諸行これに準じてまさに知るべし。

というきわめて明快な論理を展開し、

まさに知るべし、上《かみ》の諸行等を以て本願としたまはば、往生を得る者は少なく、往生せざる者は多からん。然れば則ち弥陀如来、法蔵比丘の昔、平等の慈悲に催され、普く一切を摂せんが為に造像起塔等の諸行を以て、往生の本願としたまはず、ただ称名念仏の一行を以て、その本願としたまへるなり。

と結ぶ。ここに造像起塔などの諸行を選捨し、本願の称名念仏の一行を選取する選択の主体が阿弥陀仏であるという「選択の義」を創唱する。

八種の選択と略選択

『選択集』の総結篇とも言うべき第十六章において、無量寿経のなかに選択本願・選択讃歎・選択留教、観経のなかに選択摂取・選択化讃・選択付属、阿弥陀経のなかに選択証誠、般舟三昧経のなかに選択我名の、都合八種の選択のあることをあげ、「釈迦《しやか》、弥陀、及び十方の各恒沙《ごうじや》等の諸仏、同心に念仏の一行を選択したまふ。余行は爾《しか》らず」と重ねて言う。的確な表現を用いるならば、「選択の一義」とは、本願念仏は弥陀・釈迦・諸仏が選択されたところの行だという教えであることに帰結する。選択の義によって称名の念仏は絶対化されたのである。そして、

それ速やかに生死を離れんと欲せば、二種の勝法の中には、且《しばら》く聖道《しようどう》門を閣《さしお》きて、選びて浄土門に入れ。浄土門に入らんと欲せば、正雑二行の中には、且く諸雑行を抛《なげう》ちて、選びて正行に帰すべし。正行を修せんと欲せば、正助二業の中には、なほ助業を傍《かたわら》にして、選びて正定を専らにすべし。正定の業とは即ちこれ仏名を称するなり。名を称すれば、必ず生ずることを得。仏の本願に依るが故なり。（『浄全』七―七〇～一）

という「略選択」を掲げる。原文八十一文字を十六句に分けて、良忠は『選択伝弘決疑

鈔』に、「この十六句は［選択］集の大意なり。（中略）称名の行ひとり選択の名を得たり。今この意を顕さんが為にこの総結あるなり」（『浄全』七―三四三）と言い、『選択集』の大意・総結であった。聖浄二門という大枠から称名の一行まで、焦点をクローズアップさせていく手法を取り、聖道門・諸雑行・助業をしばらく「閣」「抛」「傍」したのである。これが法然の「選択」の論理であった。この「しばらく」（一時的・仮に）という副詞を用いて、閣・抛・傍の対象たる聖道門・諸雑行・助業を全否定し無化しなかった点に法然の深

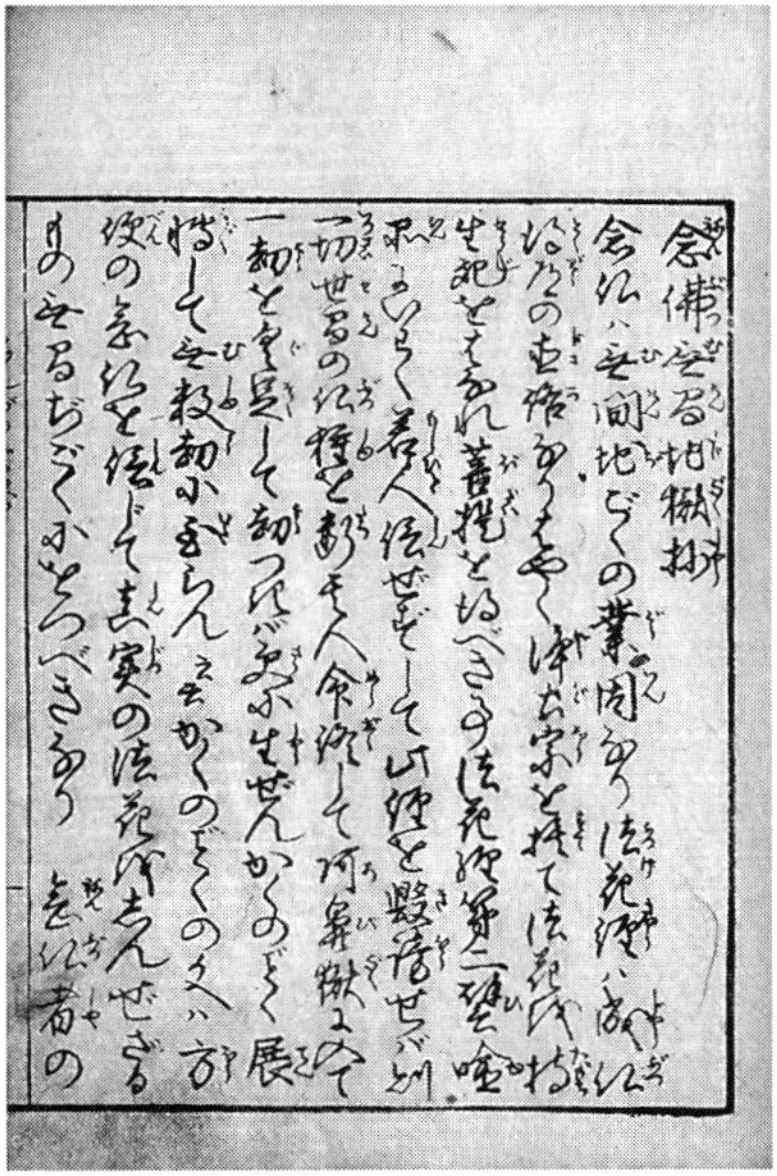

図14　『念仏無間地獄鈔』（著者所蔵）

慮が存したのである。

なお、日蓮は『念仏無間地獄鈔』において、法然が『選択集』を著わして「難行聖道門をば門を閉じ、これを抛ち、これを閣き、これを捨て、浄土門に入るべしと勧めたり」(『昭日遺』三九)、また、『聖愚問答鈔』に「浄土宗の法然は念仏に対して法華経を捨閉閣抛とよみ」(『昭日遺』三八三)と述べる。ただ順序は、捨・閉・閣・抛という場合が圧倒的に多い。これは明らかに「略選択」の閣・抛・傍を意識した日蓮の造語であって、「捨」「閉」の語は「略選択」に見えず、「傍」に相当するが、「傍」よりはるかに対象を否定する用語である。

病中の別時念仏

津戸三郎への返事

前述したように、法然は別時念仏に毎日七万遍の数遍を唱えていたが、二月末から七月末まで病気のために毎日一、二万に減じたという。まさしく病床にあった四月二十六日付けの「津戸三郎へつかはす御返事」（『拾遺和語灯録』巻中『昭法全』五五五）を引こう。

まづきこしめすまゝにいそぎおほせられて候御心ざし申つくしがたく候。この例ならぬ事は、ことがらはむつかしき様に候へども、当時大事にて、今日あす左右《さう》すべき事にては、さりながらも候はぬに、としごろの風のつもり、この正月に別時念仏を五十日申て候しに、いよ〳〵風をひき候て、二月の十日ごろより、少し口のかはく様におぼへ候しが、二月の二十日は五十日になり候しかば、それまでとおもひ候て、なをしゐて候し程に、その事がまさり候て、水なんどのむ事になり、又身のいたく候事なんどの候しが、今日までや《（まひ）》・みも《（み）》やり候はず、ながびきて候へども、又たゞいま《（只今）》いかなるべしともおぼへぬ程の事にて候也。医師の大事と申候へば、やいとう《（灸）》ふたゝび《（二度）》し、湯にてゆで《（茹）》候。又様々《ようよう》の唐《から》のくすりどもたべなんどして候気《け》にや、この程はちりばかりよき様なる事の候也。左右なくのぼるべきなんど仰られて候こそよ《（世）》にあはれに候へ。さ程とをく候程には、たとひいかなる事にても、のぼりなんどする御事はいかでか候べき。いづくにても念仏して、たがひに往生し候ひなんこそ、めでたくながきはかり事にては候はめ。何事も御文にてはつくしがたく候。又々申候べし。

　四月二十六日

原文のままでは難しいので意訳してみる。

「私からの手紙で病気のことを」お知りになり、急いで「お見舞いのことを」仰せくださったお志には感謝の尽くしようがありません。この「体調が」普段どおりでないことは、事柄は難しいように思えますが、この大事（病気）にて、［私の命が］今日明日などととやかく言うべきことではないのです。年来ひいていた風邪をこじらせて、今年の正月に別時念仏を五十日間申していたところ、ますます風邪が悪くなり、二月の十日ごろより、少し口が渇くように思われましたが、二月二十日で五十日目を迎えるので、それまでは［頑張ろう］と思い、ことさらに無理をして念仏を申してお りました。そのうちに風邪の方がひどくなって、水などを飲むことになったり、また身体が痛くなったりして、今日［四月の今］まで悩み（病気の苦しみ）も止まず、長引いています。また只今［病状が悪化して］どのようになるのかとも思えぬ程度の事ですが、医師が大事（大変なこと）だと申しますので、灸を二度し、湯で湿布をしました。またさまざまな唐の薬を服用したためか、このほどほんの少しばかり［体調が］良くなりました。［あなたが私の見舞いに］たやすく上京したいなどと仰せられることは、実に尊くありがたいことです。［しかし、あなたの在所の武蔵国と京とは］遠く離れているので、たとえ［私の体調が］いかなる事にてなっても、上京などする事はどうかと思います。どこにおいてもお念仏して、たがいにきっと往生しようと思うことこそが素晴らしく、お念仏を続けることのできる方法ではないでしょうか。何事も御手紙にては申し尽くし難いことですので、又々［私から手紙でお知らせ］申し上げましょう。

［建久九年］四月二十六日

別時念仏の最中に風邪をこじらせ、高熱が続き、体の節々が痛み、さまざまな治療をしたことが手に取るようにわかる。法然には持病の瘧《おこり》があったが、これは瘧とは別の病気で、今でいうインフルエンザであろう。この手紙を収める『拾遺和語灯録』の編者道光（了恵）は、「これは命をおしむ御療治にはあらず。御身をだ《（穏）》しくして念仏申させ給はんがためなり」と付記している。たしかに道光の言うとおり、別時念仏を継続するための療治であった。病状はこれ以上悪化せず、少し良くなった趣旨のことが書かれているが、これは手紙の相手が心配しないことを配慮したためであった。

遺言状をしたためる

しかし、法然自身は死をも覚悟していた。建久九年四月八日付けで「没後《もつご》遺誡《ゆいかい》文（起請文《きしょうもん》）」という遺言状をしたためているからである。そのなかで法然は、追善の次第また深く存ずる旨あり。図仏写経等の善、浴室檀施等の行は、一向にこれを修すべからず。もし報恩の志あるの人は、ただ一向に念仏の行を修すべし。平生の時、既に自行化他に就きてただ念仏の一行に局《かぎ》る。没故の後、あに寧《むし》ろ報恩追修の為に自余の修善を雑《まじ》へんや。但し念仏の行に於てはなほ用心あるべし。或は眼閉の後、一昼夜即時よりこれを始め、或は気絶の後、七昼夜即日よりこれを始め、誠を標《しる》し心を至して、各《おのおの》念仏すべし。中陰の間、不断に念仏すれば、動《やや》もすれば懈倦《けけん》の咎《とが》を生じ、還りて勇進の行を闕《かか》せん（『昭法全』七八三〜四）。

と、報恩の志ある者にはただ一向に念仏の行を修することを強く指示している。しかも一昼夜ないし七昼夜に限ることを命じているのだ。中陰《ちゅういん》（四十九日）の間、不断に念仏すれば良さそうなものだが、かえって懈怠《けたい》のもとになるといさめている。平生のときに自行化他に念仏の一行をつとめ、勧めてきた法然にとって、「ただ一向に」という言葉の中身は深く、念仏の行の真剣さ、すなわち真摯な心の集中の度合いがうかがわれる。

このように建久九年は、体調不良にもかかわらず、別時念仏をつとめ、主著の『選択集』を撰述し、三昧発得と善導の来現という霊妙な宗教体験をした画期的な年なのであった。

一向専修の宣揚

鎌倉の二位の禅尼への返事

建久九年正月に始まる別時念仏と三昧発得の体験、そして『選択集』の撰述に裏づけられて、法然は「一向専修」をますます主唱するに至った。法然には三十七通の消息が伝存しており、このうち関東の御家人およびその周辺に宛てたものが半数近くをしめるという（中野二〇〇四）。北条政子《ほうじようまさこ》宛てと目される「鎌倉の二位の禅尼へ進ずる御返事」に、「クマガヘ（熊谷）ノ入道・ツノト（津戸）ノ三郎ハ無智ノモノナレバコソ、余行ヲセサセズ、念仏バカリヲバ、法然房ハススメタレ」という意見に対して、「キワメタルヒガゴト（僻事）」であると反論した上で、「スナワチコノ辺ニマウ（詣）デキテ、往生ノ道ヲトヒ《（問）》タズネ候ニモ、有智無智《うち》ヲ論ゼズ、ヒトヘニ専修念仏ヲススメ候也。カマエ《（構）》テサヤウニ専修ノ念仏ヲ、申《もうし》トドメ《（止）》ムトツカマツル《（仕）》人ハ、サキ《（前）》ノ世ニ念仏三昧ノ得道ノ法門ヲキカズシテ、後世ニマタサダメ《（定）》テ三悪ニオツベキモノノ、シカルベクシテサヤウニ申候也」（『昭法全』五二七〜八）と、有智・無智にかかわらず専修念仏を勧めていると断言し、専修念仏を押し止めようとする人は、前世において念仏三昧の得道の法門を聞かず、後世において三悪道に堕ちるべき者だと非難している。

専修念仏の人は世にありがたし

　また、正治二年（一二〇〇）に法然から受戒し、建仁元年（一二〇一）に没した「九条殿下の北政所へ進ずる御返事」では、「イマハタダ余行ヲトドメテ、一向ニ念仏ニナラセタマフベシ。念仏ニトリテモ、一向専修ノ念仏也。ソノムネ三昧発得ノ善導ノ観経ノ疏ニミエタリ。（中略）イマタダ《（只）》一向専修ノ但念仏者ニナラセオハシマスベク候」（『昭法全』五三四）とあって、「一向専修ノ但《たん》念仏者」になることを勧めている。ここに言う「但念仏」とは、ただ念仏ばかりを唱えることを指し、専修念仏と同義である。

　九月十八日付けの「津戸の三郎へつかはす御返事」に「クマガヤノ入道・ツノトノ三郎

ハ、無智ノモノナレバコソ、念仏ヲバススメタレ、有智ノ人ニハ、カナラズシモ念仏ニカギルベカラズト申ヨシ、キコエテ候覧《らん》、キワメタルヒガ事ニ候。（中略）善導和尚、弥陀ノ化身トシテ、専修念仏ヲススメタマヘルモ、ヒロク一切衆生ノタメニススメテ、無智ノモノニカギル事ハ候ハズ。ヒロキ弥陀ノ願ヲタノミ、アマネキ善導ノススメヲヒロメムモノ、イカデカ無智ノ人ニカギリテ、有智ノ人ヲヘダテムヤ」（『昭法全』五〇一）と、専修念仏（但念仏）は有智・無智を限らず、一切衆生のために勧めていると述べる。五月二日付けの「熊谷の入道へつかはす御返事」に「たんねんぶつのもん《（文）》、かきてまいらせ候」（『昭法全』五三五）とあり、熊谷直実にも但念仏に関する消息を遣わしている。

九月二十八日付け「津戸三郎へつかはす御返事」に、「さても専修念仏の人は、よに《（世）》ありがたき事にて候に、その一国に三十余人まで候らんこそ、まめやかにあはれに候へ。（中略）専修念仏三十余人は、よにありがたくおぼへ候。ひとへに御ちから《（力）》、又くまがやの入道なんどのはから《（計）》ひにてこそ候なれ」（『昭法全』五七一）と述べ、武蔵国に専修念仏者が三十余人もいることに何度も感嘆し、それには貴方と熊谷直実などの尽力によるものと感謝している。

ところで、日蓮は後世からながめて、後鳥羽《ごとば》院の御宇《ぎょう》（時代）に法然が専修を興したと見ている。『念仏者令追放宣旨御教書集列五篇勘文状』に「爰《ここ》に後鳥羽院の御宇に、源空（法然）法師といふ者あり。道俗を欺《あざむ》くが故に、専修を興して顕密の教理を破し」（『昭日遺』二二五八）と述べ、『聖愚問答鈔』に「法然上人は諸経の要文を集て一向専修の念仏を弘め給ふ」（『昭日遺』三五五）といい、『法華本門宗要鈔』に「八十二代後鳥羽院の御宇に法然と云ふ悪比丘《びく》あり。専修念仏を興行す。謂く、選択［集］上下二帖十六段の謬釈を造り、月の輪禅定殿下に授け奉る」（『昭日遺』二一五一）とある。後鳥羽院の代とは文治・建久であって、ことに『選択集』の撰述以降に専修念仏が盛んになったというので、まさしく建久九年を契機にしたと認識していたのである。

念仏結縁者交名に見える専修念仏人

その専修念仏とは、念仏者が具体的にどれほどの念仏の数辺《すへん》（念仏の数）を唱えたのであろうか。これを示す史料がある。勢観房（源智）が建暦二年（一二一二）十二月、師法然の一周忌に造立した阿弥陀如来像の胎内に数万人の念仏結縁者交名《きょうみょう》（名前を列記したもの）がこめられていた。そのうちの「百万遍念仏衆注進帳」に、

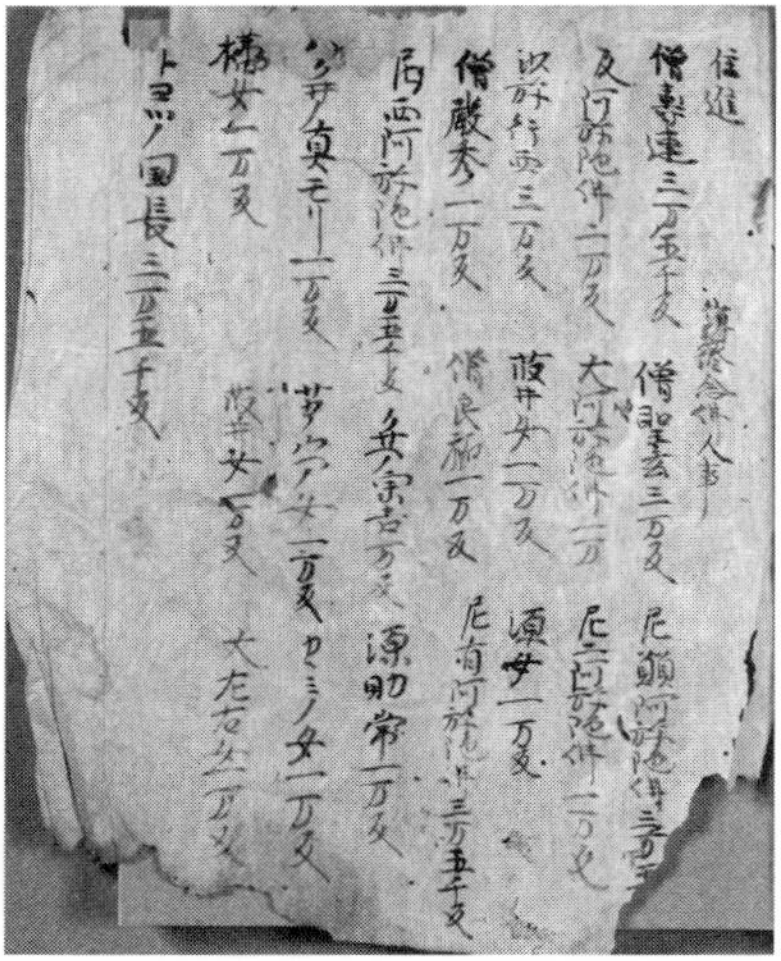

図15　「百万遍念仏注進帳」（念仏結縁者交名より，浄土宗所蔵）

（文書が納められていた阿弥陀如来立像）

住進（注）　専修念仏人事
僧寿連三万五千反　僧聖玄三万反　尼願阿弥陀仏三万五□□（千反）
及阿弥陀仏二万反　大阿弥陀仏一万　尼二阿弥陀仏一万反
沙弥行西三万反　藤井女一万反　源女一万反
僧厳秀一万反　僧良祐一万反　尼有阿弥陀仏三万五千反
尼西阿弥陀仏三万五千反　クサヘノ宗吉万反　源助常一万反
ハク井ノ真モリ一万反　サカノウヘ女一万反　カ、ミノ女一万反
橘女一万反　藤井女一万反　大左右女一万反
トヨツノ国長三万五千反

という文書が綴られていた（『玉桂寺阿弥陀如来立像胎内文書調査報告書』）。二十二人の僧俗男女が「専修念仏人」と称して、一万反（遍）から三万五千反までの念仏を唱えていたのである。先の「津戸三郎へつかはす御返事」にいう武蔵国の三十余人の専修念仏の人を想起させる。彼らが日に万を超す数の念仏を唱えるのは、一日の大半の時間を要したに違いない。並大抵のことでは専修念仏の人、但念仏の人とはいえなかろう。まさしく「一向専修」の日々

を送らねばならなかった。

「浄土宗」の形成

「入室の弟子」「同法」、そして「念仏の上人」

入室の者は七人

先に取り上げた『没後遺誡文《もつごゆいかい》』には、没後の仏事の修し方のほかに、財産の処分の仕方を指示している。人の没後に遺産をめぐり喧嘩の事が多いと見聞すると苦言を呈し、「我が弟子同法、志あらん倫《ともがら》（同輩）は明らかにこの趣を察して、我が没後に於て諍論《じょうろん》（論争）を起すこと莫《なか》れ」といさめ、「但し弟子多しと雖も入室《にっしつ》の者は僅かに七人なり。いはゆる信空・感西・証空・円親・長尊・感聖・良清なり。（中略）当時同法の者は三人、いはゆる遵西・直念・欣西《ごんさい》なり」（『昭法全』七八四～五）と、入室の弟子と同法の名前をあげている。

入室の弟子とは、法然の庵室《あんじつ》で起居をともにする常随給仕の弟子のことである。このなかで信空《しんくう》は、葉室顕時《あきとき》の孫、行隆《ゆきたか》の子で、顕時と師檀関係にあった黒谷の叡空《えいくう》のもとで出家し、叡空の死後、法然の弟子になった。「信空上人ハ、源空上人ノ為ニハ、ハジメニハ同法、後ニハ弟子ナリ。コノ故ニ、源空上人ノ補処《ふしょ》（後継者）トシテ、本尊聖教三衣坊舎コト〳〵クニモテ相伝シ給」うた（『明義進行集』巻二）。『遺誡文』によれば、「黒谷の本坊寝殿雑舎・白川の本坊寝殿雑舎・坂下の薗一所・洛中の地一所、この外本尊三尺弥陀立像定朝・聖教摺写六十巻等」を付属するとしている。なお、「法蓮房（信空）ハ、戒バカリコソ上人ニハ相伝セラレタレ。浄土ノ法門ハシカラズ」という評判であった。しかし、「阿弥陀仏ヲ申セバ、極楽浄土ヘマイル事ニテ候ナリ。コノホカニ様アリテ、観法ナドヲシテ申ス事ニテハ候ハズ。只口バカリニテ申ス事ニテ候ナリ。サテコレヲバ無観称名ト申シ候ナリ」（『明義進行集』巻二）といい、法然の念仏観を「無観称名」（観想をせずに称名だけを行う念仏）という造語をもって表現している点が注目される（望月一九二四）。なお、こんにち二尊院に「七箇条制誡」や「足曳きの御影」、廬山寺《ろざん》に『選択集』の草稿本など、法然に関する遺物が伝来しているのは、信空・湛空《たんくう》の円頓戒《えんどんかい》の法系を通じてもたらされたと考えられる。

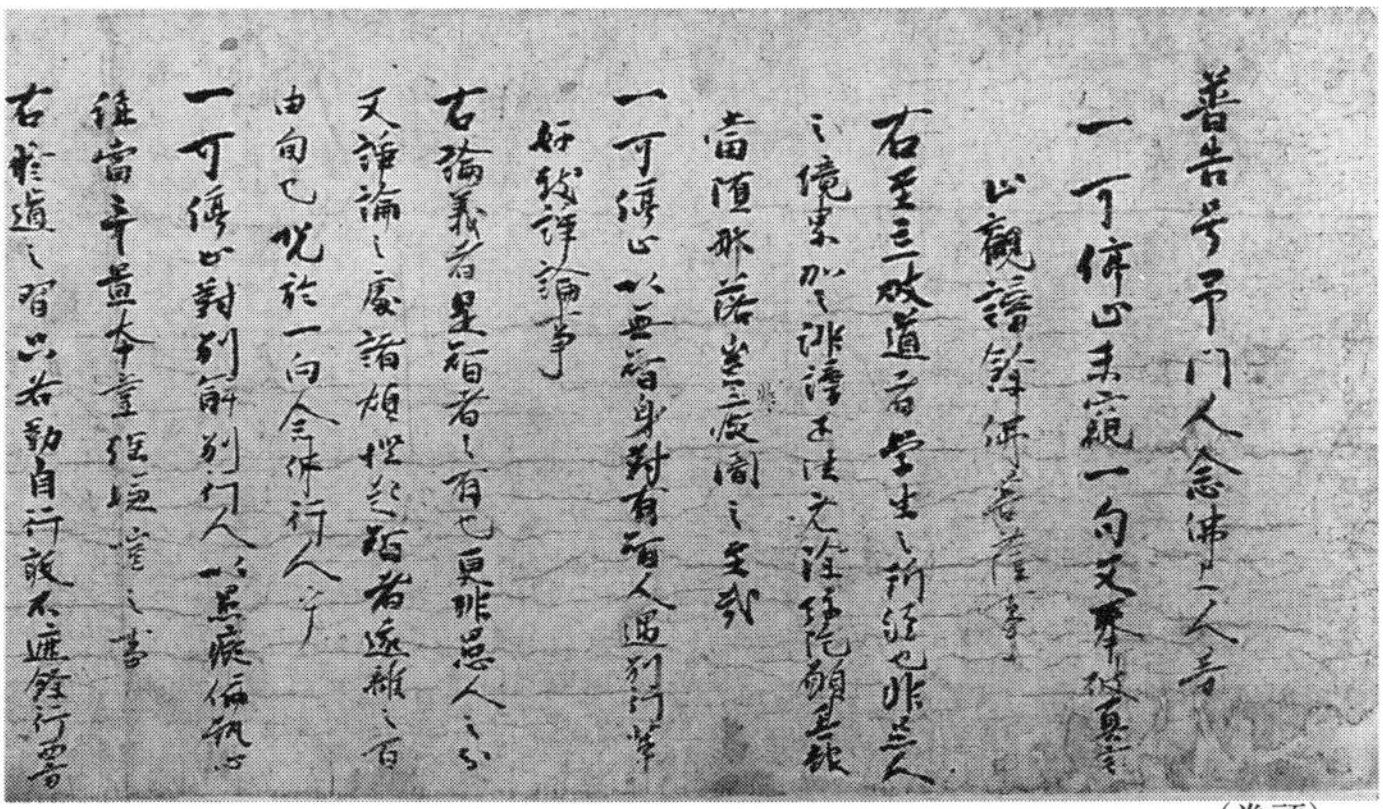

（巻頭）

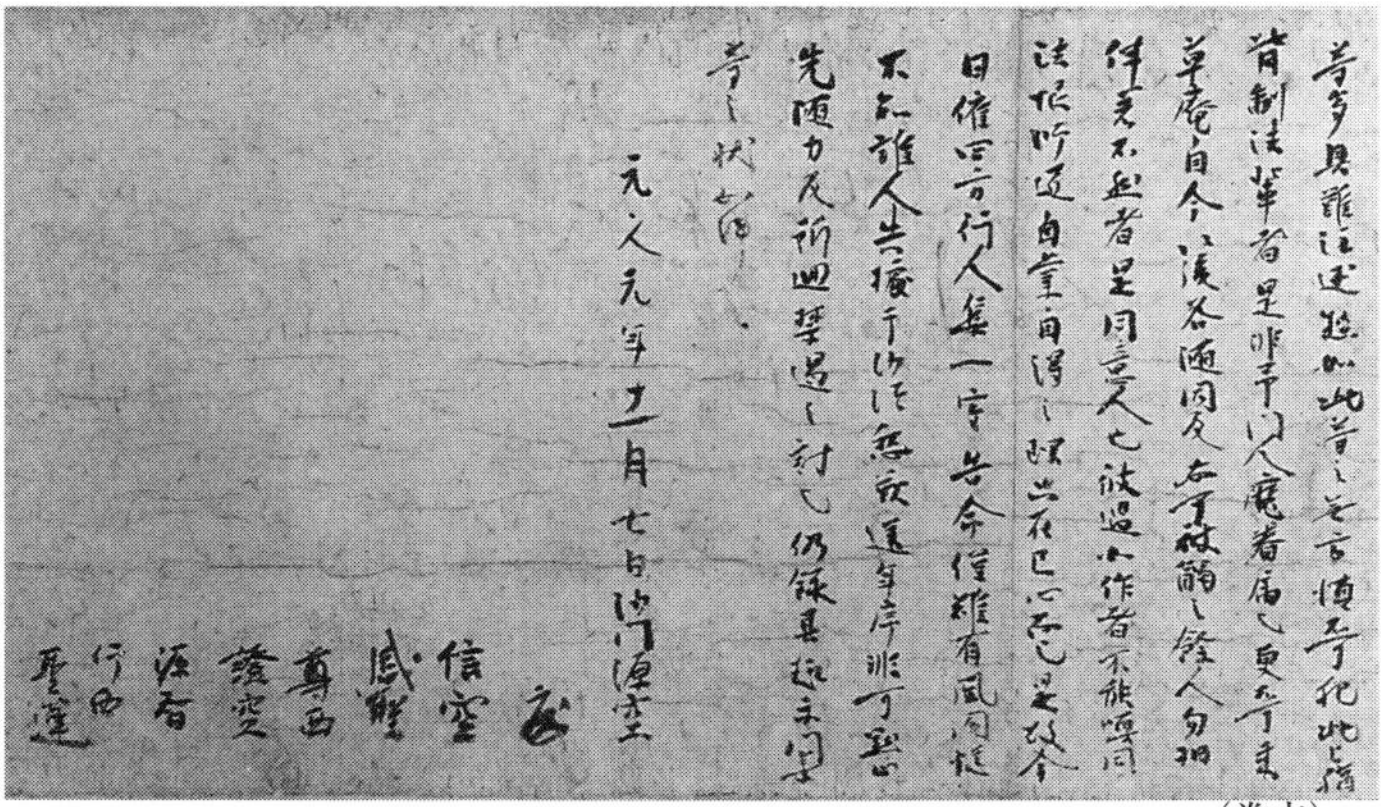

（巻末）

図16　「七箇条制誡」（二尊院所蔵）

つぎに感西は「これ年来常随給仕の弟子」で、「給仕の恩を酬いんが為に」、「吉水の中の房本在西山広谷・高畠の地一所」を付属するとしている。感西は真観房ともいい、中原師秀が逆修（生前にあらかじめ自分の菩提を祈ってつとめる仏事）を行った際、先の五会《え》（五回の講会）を法然がつとめ、結願の唱導を感西がつとめているほど、法然から嘱望されていた。だが、正治二年（一二〇〇）四十八歳で師に先立って死去している。その際、法然は念仏を勧めながら、「我をすて（捨）、おはすることよ」と涙をながしたという（『行状絵図』巻四八『法伝全』三一七）。

証空は加賀権守源親季《ちかすえ》の子で、内大臣久我通親《みちちか》の猶子《ゆうし》となり、十四歳で法然の門下に入り、浄土の法門を受けること、首尾二十三年に及んだ。師の没後、慈円から付属された京都西山の善峰寺の往生院（三鈷寺）に住み、善導《ぜんどう》の教えを講じた。のちに西山派の派祖となる人物であり、中世で貴族の帰依《きえ》を得た浄土宗の僧と言えば、多くは証空の派に属する人たちであったほど繁栄する。

吉水の東の新房は故六条の尼御前の所領で、その養子たる円親に付属する旨の付属状を書き、長尊には故如行が死去の際、覚悟房ならびに付帳《つけちょう》（仕立帳）一口を沙汰して与え、西の旧坊は本主が顕然なので分配しないという。感聖は定生房《じょうしょう》とも称し、『七箇条制誡』では信空についで署名している。元仁元年（一二二四）のころ大谷の房主であったが、同年八月に往生し、信空の沙汰で定仏《じょうぶつ》を後任に定めている（『伝法絵』巻四『法伝全』四九九）。良清は法然の没後中陰の四七日《よなぬか》法要に当たり、導師信空のもとで檀那《だんな》として諷誦文を奉じている（『行状絵図』巻三九『法伝全』二五〇）。

同法の者は三人

一方の「同法」とは、修行を同じくする者、信仰を同じくする仲間という意味のほか、宗教的交わりが深く、信頼を寄せる人をも指し、この遺誡文では「証人」となっている。遵西《じゅんさい》は安楽房とも言い、逆修《ぎゃくしゅ》をいとなんだ中原師秀の子。『選択集』の筆記役に命じられたが、そのことに驕慢の心をいだいたため、感西と交代させられた。能声《のうしょう》の僧で、後鳥羽院の小御所《こごしょ》の女房らとの不謹慎な事件を起こし、建永の法難の誘因をなした。直念はほかにその名が見えない。

ところで、奈良市の興善寺の阿弥陀如来立像の胎内《たいない》から、念仏結縁者交名が発見された。昭和三十七年（一九六二）のことで、法然の弟子正行房《しょうぎょうぼう》に宛てた手紙の裏側を利用しており、法然の自筆の書状もあったので、一躍注目された。そのなかに欣西が同輩の正行房に宛てた手紙もあった。その書状に興味深いことが書かれている。

又日頃も申し候やうに、この御房《おんぼう》の御為、いかに候事、何ともと存じ候へども、思ひ寄る方の候はねば、日頃はただ候ひつるが、俄かに深く存ずる事候ひて、御為に仏を

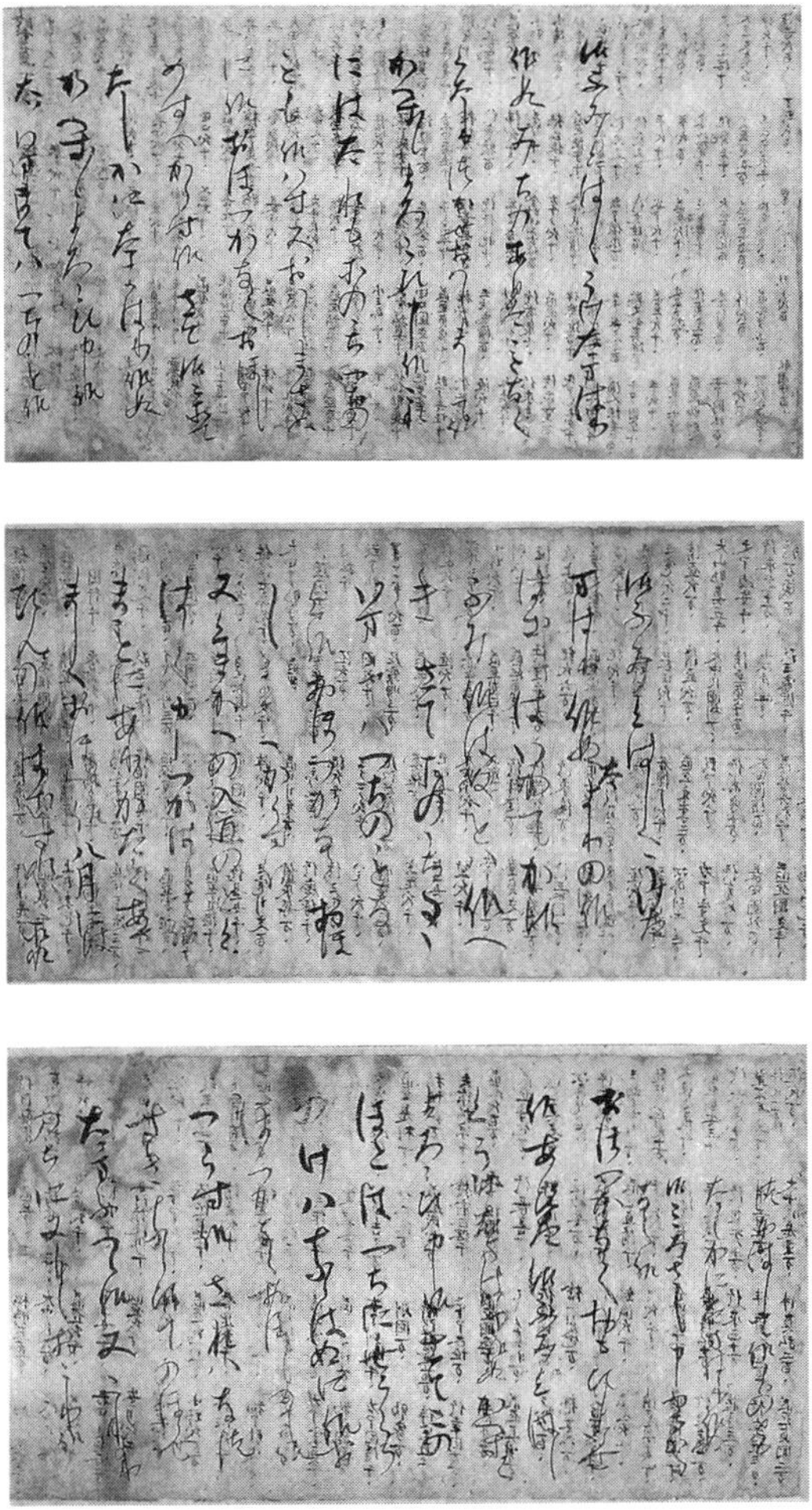

図17　法然自筆書状（興善寺所蔵）

造り参らせて、生き残りて候はば、形見と思ひ参らせ候はんとて、始めて候。料物少しにても賜び候へ。（『法然上人聚英』釈文）

正行房宛ての欣西の書状は、元久二年（一二〇五）か三年のころで、法然は病気がちであった。書状の前の方で、法然の病状を心配しており、欣西は日ごろから正行房と相談しながら、法然への報恩のために何かしたいと思っていたが、何がよいか考えつかずにいた。しかし、「法然の余命いくばくもないと察してか」俄かに深く決心することがあって、法然のために仏像を造り、将来の形見とすることにしたというのである。そこで正行房に費用の協力を求めた。

法然の教えでは、仏像を造ることは「余行・雑行」であって、これを退けた。したがって欣西の行為は、師の教説に反することと見なされがちである。しかしながら、法然は造像・写経などを「往生の行業《ぎょうごう》」として否定したのであって、念仏者の間では、「報恩」のために仏像の造立を行うことがあったと考えられる。正行房や欣西にとって、念仏と造像が矛盾する行為だとは認識していなかったのではないだろうか。

以上の「入室の弟子」七人と「同法」三人の、合わせて十人が建久九年当時、法然に親近の人物であった。承元三年（一二〇九）の「遣北陸道書状」（『漢語灯録』所収）には、「彼の上人の禅房に於て、門人等二十人あり」（『昭法全』八〇二）と述べる。晩年にあっても、「弟子」と「同法」は全部で二十人程度であったと考えられる。もっとも承元三年は勝尾寺に仮寓中だから、法然の身辺には人があまりいなかったとも言えるが、概してこのような少人数であったに違いない（伊藤一九八一）。

一時的に訪れる念仏上人

『没後遺誡文』にもどって、同法の者を証人に立てるといった文章に引き続き、「西より来り東より来り法門を問ふあり。西に去り東に去りて行方を知らず。朝に来り暮に往くの人甚だ多し。誠に以て言ふに足らざる者なり」（『昭法全』七八五）という無名の念仏聖《ひじり》たちの一時的な来訪が多かった。元久元年の「七箇条制誡」にいう「予が門人と号する念仏の上人等」（『昭法全』七八七）に相当しよう。「予が門人と号する」とあるのは、法然の弟子を自称する、いわば有象無象の念仏聖たちを含んでいた表現に違いない。また、源智《げんち》が法然の一周忌にちなんで造立した阿弥陀仏像の胎内にこめられていた念仏結縁者交名のなかに僧名を持つものが頻出するが、彼らもまた自称「法然の弟子」の念仏上人だったと考えられる。

法然のもとには少数の入室の弟子や同法を核に、多数の念仏上人が同心円的に取り囲む集団が形成されつつあったと思われる。

有力弟子・御家人の入門

面授の弟子の入門

ところで、こうした弟子集団のなかに、のちに一派をなす有力な弟子や関東の武士が入信してくる。永和四年（一三七八）静見が編纂した浄土宗の古系譜（「法水分流記」）によって一派をなした法然の弟子をあげると、信空（白川門徒）・隆寛《りゅうかん》（多念義）・弁長（鎮西義）・幸西《こうさい》（一念義）・親鸞《しんらん》（大谷門徒）・湛空《たんくう》（嵯峨門徒）・証空《しょうくう》（西山義）・源智（紫野門徒）・長西（九品寺義）らである。応長元年（一三一一）に凝然《ぎょうねん》が著わした『源流章《げんるしょう》』には、「幸西大徳・長楽寺の隆寛権律師・小坂の証空大徳後居西山・鎮西の聖光大徳・信空大徳道号法蓮・美州の行空大徳道号法宝・九品寺の長西大徳等」をあげ、「幷《ならび》に源空大徳親承面受の弟子なり。各《おのおの》所承に随ひ、浄土の教へを弘む」という。『源流章』が「五流」と呼ぶ幸西・隆寛・証空・聖光・長西のほかに、信空・親鸞・湛空・源智あたりが法然の主だった弟子ということができよう（田村一九五六）。

このうち黒谷時代からの信空を別にすると、証空が建久元年（一一九〇）に、源智が建久六年に、弁長《（弁長）》が建久八年に、幸西が建久九年に、親鸞が建仁元年（一二〇一）に、長西が建仁三年に、隆寛が元久元年（一二〇四）以前に法然の門下となっている。

御家人の入信

東国から御家人《ごけにん》クラスの武士が京都大番役あるいは将軍の供で京都に滞在中、法然の評判を聞き及び、東山の草庵を訪ね、浄土の教えを受け、念仏の行者《ぎようじや》になった。武士は戦闘によってみずからの生存を賭けて敵を殺さねばならず、そのために罪業感を持っていた。職業的に殺生《せつしよう》という重罪を犯さざるを得なかったのである。常に死と隣り合わせにいた武士は、とりわけ来世のことに思いを致したはずだ。殺《さつ》戮《りく》という悪業を重ねる武士に、往生は望み得るのか、これが来世のことを考える武士たちにとって最大の関心事であった。

『行状絵図』には法然に帰依した武士の名が見えるが、彼らが法然に面会した年次は、熊谷直実《くまがいなおざね》が建久五年ごろ、津戸為守《つのとためもり》が建久六年、薗田成家《しげいえ》が正治二年（一二〇〇）、千葉胤頼《ちばたねより》が元久元年、甘糟忠綱《あまかすただつな》が建仁三年、宇津宮頼綱が承元二年（一二〇八）であった。ほかに年次は明らかでない大胡《おおご》隆義がいる。彼らのなかには出家して「上人給仕の弟子」として仕えた千葉胤頼（法阿弥陀仏）、渋屋七郎入道道遍（ともに年次不詳）もいた。

彼らと法然の出会いや信心のやり取りなどは、津戸為守（尊願）や熊谷直実（蓮生《れんせい》）がよく知られているが、ここでは甘糟忠綱の場合を取り上げよう。

甘糟忠綱の戦死

武蔵国の猪俣《いのまたとう》党を率いる甘糟忠綱は深く法然に帰依《きえ》し、念仏の務めを怠らなかった。ところが、比叡山の堂衆《どうしゅ》（雑役に仕える下級の僧）が衆徒（学僧）と対立し、堂衆は日吉《ひえ》八王子の社に城郭を構え、悪行を企てるという事件が起こった。朝廷から武士を差し向けて、堂衆らを攻め討つことになり、忠綱は勅命にしたがって、建久（建仁の誤記）三年十一月十五日、八王子の城に向かうが、まず法然のもとを訪れて、武士の生き方をまっとうし、往生の願いを遂げる方法があれば教えてほしいと申し上げた。法然が「武士の家に生まれた人が、たとえ軍陣で戦って命を失うとも、念仏さえ唱えれば、仏の本願に乗じて、来迎《らいこう》にあずかるということを決して疑ってはならない」と教えると、忠綱は「これ

図18　甘糟忠綱，戦場で往生を遂げる（『法然上人行状絵図』巻26第１段より，知恩院所蔵）

で私の往生は今日こそ間違いない」と喜び、法然から授かった袈裟《けさ》を鎧《よろい》の下にかけ、すぐに八王子の城に向かい、捨て身で戦った。しかし、武運つたなく太刀《たち》が折れ、深い傷を負う。

もはやこれまでと思い、高声に念仏し、敵に身を任せて討ち死にした。このとき、戦場に紫雲が垂れこみ、よい香りが漂《ただよ》った。忠綱が往生したという証《あかし》であった。『行状絵図』は、父祖の名誉をも高め、仏の本願の深い心をも現わしたことは、すべて法然から念仏を勧められことによると結んでいる（巻二六『法伝全』一六二）。

さて、甘糟忠綱は比叡山の堂衆を討ちに出

かけるとき、法然に次のように申し上げた。

私たちのような罪人でも、本願をたのんで念仏すれば、往生は疑いないと、日ごろから教えを受け、深く信じていますが、それは病床で臨終を迎えるときのことです。武士の習いとして、進退は思いのままにならず、比叡山の堂衆を討伐するため、今すぐ勅命によって八王子の城へ向かおうとしています。私は武勇の家に生まれ、弓矢の道に携わっています。そこで、進んでは父祖の功績の跡を失うことなく、退いては子孫に栄光を残したいがために、敵を防ぎ、身を捨てて戦えば、悪心が盛んに募り、往生を願う心が起こりません。一方、この世は仮のはかないものと思い、往生の勤めに励むべきだと考えれば、かえって敵の虜《とりこ》になってしまい、長く臆病者という汚名だけを残し、たちまち先祖伝来の家をつぶすことになります。どちらを捨て、どちらを取るべきか、私にはわからなくなりました。弓矢の家業も捨てず、往生の素志も遂げる道がございますれば、一言お教え願います。

法然は「阿弥陀仏の本願は、善人・悪人をいわず、念仏の多少を論ぜず、身の浄・不浄を選ばず、また時処諸縁（時刻と場所と条件）を分け隔てしないのだから、どのような縁で死のうとも関係がない。罪人は罪人のままで、阿弥陀仏の名号を唱えれば往生するのだ。これが本願の不思議というものである」と答えている。

甘糟忠綱にも「罪人」という意識があった。法然から念仏の教えを受け、信心を固めていたようだが、武士としての「死にざま」にこだわっている。すなわち、敵と戦って討死にしようと思えば、悪心が沸き起こって往生を願う心が消え去り、この世を厭《いと》うて極楽往生に思いを凝らせば、戦意をなくして捕虜となり、汚名を後世に残す、という葛藤があった。

父祖の名誉を汚すことなく、しかも子孫に栄光をもたらせ、かつ往生を遂げることのできる「死にざま」はあるのか。じつに武士の現実的な問いかけに、法然は「たとえ戦場で命を失うとも、念仏すれば、仏の本願によって来迎にあずかる」と断言したのである。甘糟忠綱の臨終の夜、故郷にいた妻の夢に、夫が往生したことを告げたと伝えている。

なお、『源平盛衰記《げんぺいせいすいき》』（巻九）にも、戦場におもむく甘糟が法然の庵室を訪ねて、生死を離るべき一句」をうけたまわる話を収めている。甘糟が堂衆を討ちに出たその翌日、法然は紫雲が比叡山にたなびいたのを見て、紫雲は甘糟が念仏して往生をとげた瑞相《ずいそう》であると思い、そして、角張《かくはり》の浄阿という人を戦場に遣わし甘糟の首を取り寄せ、庵の上の山で首を焼き、遺骨を本国の武蔵へ送ったとある。

こうした後日譚《たん》の当否はともあれ、『源平盛衰記』という軍記物に、念仏の教えを信奉した武士が死地におもむく逸話を収め、しかも法然の略歴をも付記しているのは、軍記物語の作者が法然に関心を寄せていたことを示唆するものとして注目したく思う。

学派から宗派へ転化

このように建久年間（一一九〇～九九）から元久年間（一二〇四～〇六）にかけて、法然の周辺に僧俗の弟子・信者が多く集まってくると、法然が立てた浄土宗は、宗義としての「宗」から、天台・真言などの顕密《けんみつ》八宗とならぶ、教団的な内実を持った「宗」へと発展していった。すなわち、school（学派）からsect（宗派）へと変質していったのである。「宗」がschoolからsectへ転化するのは、まさに法然の「浄土宗」に始まると言ってもよい（末木一九九八）。

これまでも浄土教を宣布する人はいた。古くは三論《さんろん》の智光、法相《ほっそう》の昌海、天台《てんだい》の慈恵《じえ》（良源）、源信らは「兼ねて浄教に通じ」、中古になって三論の永観は「兼ねて浄教に帰し」、中河《なかのかわ》の実範は「法相真言」を学び、「兼ねて律蔵を研ぎ、幷《ならび》に浄教を翫《もてあそ》ぶ」といい、彼らと同時代の光明山《こうみょうせん》の重誉《ちょうよ》は浄土に帰したが三論の碩学であり、東大寺三論の珍海は「兼ねて浄教を研ぐ」という具合に、浄土教は別宗をなさず、それぞれ自宗にしたがって、教義を解釈してきたのである。ところが法然に至って、「浄土宗を立て、大いに義理を顕」わして以後、浄土教がはなはだ繁昌したという（『源流章』）。

法然が意識しようがしまいが、「浄土宗」が形成されたとなれば、宗派の継承（「付法」）が問題となろう。当時の用語で言えば、公然たる師資相承《ししそうしょう》の「血脈譜」が必要で、誰から誰へと法を伝授し、あるいは伝授されたのか、それは何をもって証するのかが課題となってくる（大橋一九九八）。この点、『源流章』の著者凝然は、日域で浄教を弘めた者その数多いが、智光・昌海・源信・永観・実範・源空（法然）をもって六祖・六哲となすとあって、これらはならびに「親承血脈の祖にあらず、ただ依憑投帰するのみ」と言い、天台・真言・三論・法相諸宗のごとく列祖間の親承（面授）がなかったことを認め、依憑投帰とは先師のかぐわしい事績を慕って、帰仰《きごう》依投することだと説明する。

それでは浄土宗の付法はどのように考えられたのか。

『選択集』と御影の授与

親鸞の『教行信証』後序

法然は元久年間に主要な弟子に『選択集《せんちゃくしゅう》』の書写を認め、御影の制作も許していた。これは多分に「付法」を意識していたと思われる。親鸞の『教行信証《きょうぎょうしんしょう》』後序に、

「然るに愚禿釈の鸞、建仁辛酉《(元年)》の暦、雑行を棄てて本願に帰す。元久乙丑《(二年)》の歳、恩恕を蒙ふりて選択を書しき。同じき年の初夏中旬第四日に、選択本願念仏集の内題の字、幷に南無阿弥陀仏、往生之業念仏為本と釈の綽空の字と、空《(源空)》の真筆を以てこれを書かしめたまひき。同じき日、空の真影申し預かりて、図画し奉る。同二年閏七月下旬

第九日、真影の銘に真筆を以て、南無阿弥陀仏と若我成仏十方衆生、称我名号下至十声、若不生者不取正覚、彼仏今現在成仏、当知本誓重願不虚、衆生称念必得往生の真文とを書かしめたまひき。又夢の告げに依りて綽空の字を改めて、同じき日御筆を以て名の字を書かしめたまひ畢りぬ。本師聖人、今年は七旬三の御歳也」（『真聖全』二—二〇二）

と記す。意訳するとつぎのようになる。

親鸞は建仁元年（一二〇一）に雑行をすてて本願に帰し、［法然の弟子となった］。元久二年（一二〇五）［法然の許しを得て］『選択集』を書写した。同年四月十四日に「選択本願念仏集」という内題および「南無阿弥陀仏、往生之業念仏為本」、［被授与者の］「釈綽空」［の名前］とを、源空（法然）の真筆で書かしめ給わった。同日、［すでに原画が存在していた］源空の真影を預かって、これを図画した。元久二年閏七月二十九日、［出来上がった法然の］御影に、真筆でもって「南無阿弥陀仏」と「若我成仏十方衆生、（中略）衆生称念必得往生」（『往生礼讃』）の賛文を書かしめ給わった。また、夢告により綽空を善信と名を改めたが、同日、法然の筆でもって［善信の」名を書かしめ給わった。

法然の正統な後継者の証

親鸞の『教行信証』は、彼の晩年、寛元五年（一二四七）に草稿が成立し、後序では親鸞が法然の正統な後継者だと主張している。その正統性の根拠が「選択集授与の事」と「真影自銘の事」であった。しかしながら、このときに親鸞が授与されたという『選択集』は現存せず、真筆《しんぴつ》銘の御影《みえい》は三河の妙源寺に所蔵されていると伝えられている。

法然の御影は、二尊院の「足曳《び》きの御影」、金戒光明寺の「鏡の御影」、知恩院《ちおんいん》の「隆信の御影」（往生要集披講の御影）などが著名だが、いずれも当初の被授者（伝持者）の名が明らかでない。ほかに注目される御影は、知恩院所蔵の「常楽寺本尊宗祖御影」で、賛文に「南無阿弥陀仏往生之業念仏為本」と「若我成仏十方衆生、称我名号下至十声、若不生者不取正覚、彼仏今現在成仏、当知本誓重願不虚、衆生称念必得往生」の往生礼讃《らいさん》の文を書き、裏書に「この御影は上人の御真筆なり。元久二年二月十三日これを遊ばさるる処なり。しかるに絹の裏に遊ばさるる文字、裏紙に写すの間、今修補の時、これを切り抜き、裏にこれを付く。しかる間、左文字の様に見たるはこの故歟《か》。（中略）願共諸衆生往生安楽国、願共諸衆生値遇空上人　旹《ときに》永享八年丙辰四月十五日　尊意（花押）」とある（『知恩院史』第五篇参考資料）。じつは久留米市の善導寺にも「鏡の御影」と称する法然の御影がある。図録の解説によれば、上部に賛文があり、「南無阿弥陀仏往生之業念仏為本」の墨書を二重の墨線で囲み、「若我成仏、（中略）必得往生」の文を六行にわたって書し、画幅右下、法然の視線のあたりの絵絹《えぎぬ》裏に、「元久二年二月十三日」の墨書が逆字で見えるという（『開基八百年慶讃平成大修理落慶大本山善導寺＝その歴史と宝物＝』）。こうして見ると、知恩院本・善導寺本ともに逆字（左文字）で「元久二年二月十三日」銘を記しているのが注目される。賛文の往生礼讃が「彼仏今現在成仏」とあって「世」字を抜き、また、「往生之業、念仏為本」とするところから、真宗系の法然御影であることは明らかである。絵相の古さから判断して、善導寺本を模写したのが知恩院本であろうと思われる。元久二年二月十三日という日は、法然にとっても親鸞にとっても特記すべきことがらは、遺憾ながら見出せない。

法然御影のことを述べる文献史料はほかにもあって、「興善寺文書」の証空から正行房宛ての書状に、

便りを喜びて申し候なり。何とし候らん、覚束なくこそ思ひ参らせ候へ。さては仰せ

図19　法然像（隆信の御影，知恩院所蔵）

図20　法然像（鏡の御影，善導寺所蔵）

候ひたりし御影の事の叶ひ候ざりしこそ、まめやかに口惜しく候へ。又聖人御房の御病ひこそ、少し起こらせ給ひ候へ。いたく大事の事はおはしまし候はねども、覚束なく思ひ参らせ給ひ候ずらんとて、かく申し候なり。さりながら、生死の無常、馳するが如くに候へば、知り難く候。（『法然上人聚英』釈文）

とある。書状の後半で法然の病状に言及しているので、元久元年か二年の文書であって、証空は［正行房から］仰せ越されていた［法然の］御影の事がかなわなかったのは、本当に口惜しいことだと言いわけしている。証空がかねて正行房から法然の御影制作の取りつぎを依頼されていたのだろう。それが実現しなかったことをわびている。

先に述べたように、親鸞は元久二年四月に法然の御影を図画し、閏七月に法然が真筆をもって「南無阿弥陀仏往生之業念仏為本」と「若我成仏十方衆生」以下の文、夢告《むこく》によって改名した善信の名を書かれたという。親鸞に限らず、門弟のなかには法然の御影を描いて、これに銘を賜ることが行われていたことを示唆している。正行房もそうした希望を持ったが、許されなかった。こうした「真影自銘の事」を付法の証と見なせば、高弟にしか認めなかったに違いない。

法然御影の作例史料をもう一つ紹介しよう。『行状絵図』に、

空阿弥陀仏は、上人をほとけのごとくに崇敬し申されしかば、右京権大夫隆信の子、左京大夫信実朝臣に上人の御影をかゝしめ、一期のあひだ本尊とあふぎ申されき。当時知恩院に安置する絵像の真影すなはちこれなり。（巻四八『法伝全』三一五）

とある。この「信実の御影」は知恩院に現存する。『知恩伝』によると、「上人御往生の年三月比《ころ》これを写す。善導の御影と並べ懸けて本尊と為《し》て、一向に称名す」（『法伝全』七六六）とある。法然を追善するために描かせたものと考えられる。

以上の現存するもの、あるいは文献に知られる法然御影は、親鸞のものを除けば、その被授者が門流の地位を示す「物証」として世に伝えられていないのである。

『選択集』書写は付法の証

それでは「選択集授与」はどうか。「浄土宗見聞」（「勢観上人見聞」）の第二十二話に、

或る時云《のたまわ》く、汝選択集の文ありと知るや否や。知らざる由を申す。此の文は我が作れる文なり。汝これを見るべし。我が存生の間は流布すべからざる由、これを禁ずる故に、人々これを秘す。これに依りて成覚房の本を以てこれを写して取

る。当初《そのかみ》上人御不例の気出来《しゅったい》し給へり。聊《いささ》か御平癒の時、月輪禅定殿下より御形見に要文を集め、これを給ふべきの由仰せらる。これに依りてこの書を造りて進覧せしめ給ふ。

とある。勢観房（源智）は見ることを黙認されたが、直接の書写は許されなかったので、成覚房（幸西）の本を写したという。幸西は、法然から『選択集』の書写を許されていたのだろうか。この点に関して、行観の『選択本願念仏集秘鈔』（巻一）に、

此の文は上人御存生の程は隠密せらるなり。或る時、上人の門弟に隆寛といふ人、御前に参ぜしむ。其の時上人の仰せに云く、此の程月輪殿より仰せを蒙り念仏の要文を記して進ぜしむ。その草案と云て密かに見せしめたまふ。ここを以て彼の門弟には我が家に選択をば付属すと申す事なり。これを一念の成覚房、聞て承りて仕文預《ツカイフミアツカリ》といふ事あり。然りと雖も仏法付属は不定の事歟《か》。（『浄全』八―三三六）

とある。隆寛は「草案」を見せられた。それを隆寛の門弟は「我が家」（わが門流の意）に『選択集』を付属されたと吹聴していた。これを一念義の成覚房幸西が聞き及んで、仕文預（意味不詳。本を預かるという意か）したという。「然りと雖も」云々の文と先に引いた

「浄土宗見聞」(「勢観上人見聞」)を併せ考えると、幸西もまた『選択集』を書写していたと思われる。『明義進行集』巻二の隆寛の伝記に、

然《しかる》間元久元年三月十四日、コマツドノ、御堂ノウシロ《(後)》ニシテ、上人フトコロヨリ選択集ヲ取出シテ、ヒソカニサツケ給フコトバ《(言葉)》ニイハク、(中略)ハヤク書写シテ披読ヲフ《(終)》ベシ。モシ不審アラバ、タヅネトヒ給ヘト。タヾシ源空ガ存生ノ間ハ披露アルベカラズ。死後ノ流行ハナム《(何)》ノコトカアラムト。(中略)然レバマサシク選択集ヲ付属セラレタルモノハ隆寛ナリト云々。

とある。隆寛の弟子信瑞の編纂した『明義進行集』では、隆寛が『選択集』を法然から「付属」されたと公言している。これは他派も認めるところで、鎮西派色の強い『琳阿本』では、隆寛の『選択集』授与のことを記しながら、つぎのように聖光房《しょうこうぼう》弁長もまた授与されたという。

建久九年戊午正月四日、上人聖光房に示ていはく、月輪の殿下教命によりて選択集一巻を作《つくる》。ふかく秘すべきよし仰を蒙りて、流布するにあたはず。世にきこゆる事あれども、うつす人なし。汝は法器の仁也。我立するところ此書をうつして、よろしく末

> 代にひろむべし。聖光すなはち命を請《うけ》て自《みずから》委細にうつして、うやま（敬）て提撕《ていぜい》をうく。函杖をえたるがごとし。水を器にうつすに似たり。それよりのち日々に受学すゝめて指誨（教え）をうく。（巻五『法伝全』五六〇）

弁長は法然の命を請けて委細に写し、敬って提撕（教導）を受け、函杖（師）を得たようだったとある。

法然が隆寛・弁長・幸西・親鸞ら、そして信空・湛空も（大橋一九九八）、何人かの直弟子に『選択集』を「授与」（書写を承認）した可能性は大いにあり得るのである。彼らの弟子（すなわち法然の孫弟子）たちがそれを「付属」と見なし、自己の門流の正統性と優越性のあかしと考えたのも、法然の死後に各門流が拮抗し合ったという歴史的事実からすれば、あるいは当然のことだったと思われる。

法然在世中の『選択集』

ところで、法然在世中に書写された、現存する『選択集』は二本あって、それを紹介しておこう。一本は当麻寺奥院所蔵の『選択集』で、その奥書はつぎのとおり（藤堂一九二二）。

> 元久元年十一月廿八日書写了、願以此功徳、往生一仏土而已。［筆者名擦り消し］

（別筆）元久元年十二月十七日　源空（花押）

藤堂祐範氏の解説によれば、「第二の奥書は別筆なり。墨色後世のものにして元久当時のものに非ず」という。もう一本は大谷大学蔵（禿庵文庫）の『選択集』で、その奥書（朱筆）はつぎのとおり（高橋一九七七）。

承元二年二月佐《すけの》法印賜之了、暁之、大谷寺御留之草本也、可珍之、

「暁之」とは隆暁の物（本）という意味である。この大谷大学本に関して参考になるのが『高山寺聖教目録』で、

専修念仏選択集　三部三帖　右一帖、承元二年佐法印御房、自大谷上人附属之本、即大谷寺念仏会之本也。予以草本一交了。奉施入栂尾御房也。　隆暁法印

とある。書名を「専修念仏選択集」とするが、「選択本願念仏集」の誤りであろう。当本の所有関係の流れは、大谷上人（法然）→佐法印→隆暁法印→栂尾《とがのお》（明恵《みようえ》）となろう。なお、隆暁法印は高橋正隆氏によると、東寺三長者で、仁和寺勝宝院の法印と推測されている。しからば「佐法印」とは誰のことか。法然の弟子・同法で「法印」を称するのは、安居院の聖覚法印がおり、彼を指すものと思われる。

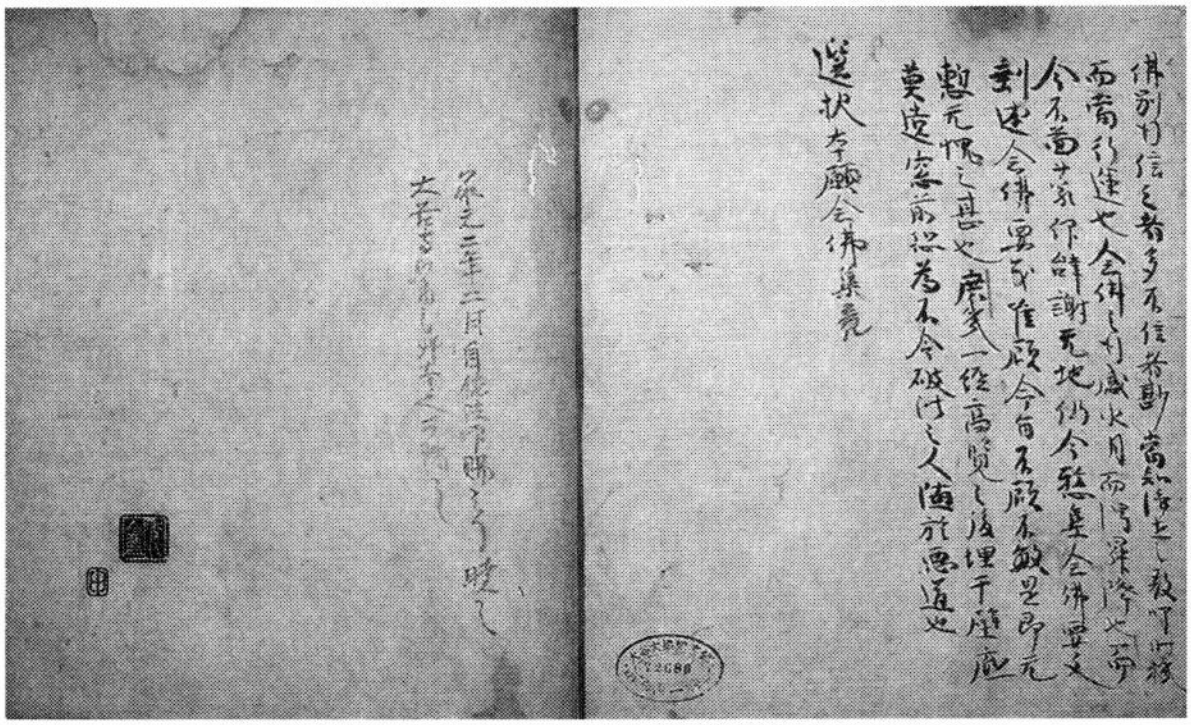

図21　『選択本願念仏集』(大谷大学図書館所蔵)

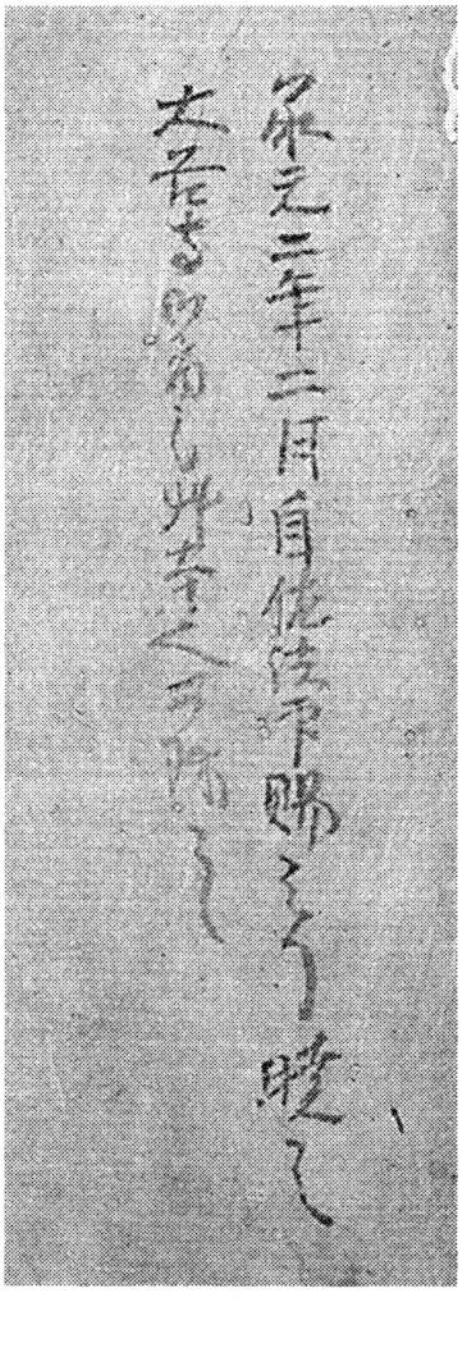

(巻末識語)

『選択集』の末尾に法然が、「庶幾《こいねが》はくは一たび高覧を経て後、壁底に埋《うず》めて窓前に遺《のこ》すこと莫《なか》れ。恐くは破法の人をして悪道に堕さしめんことを」(『浄全』七―七五)と他見を誡めたのは、内容が過激であったからだけでなく、これはと思われる高弟にしか授与(書写)を許さない「付属」(付法)の書であったからではないだろうか(平松一九九八)。ここで問題となるのは、法然が立てた「浄土宗」は誰から付法されたのか、という他宗からの非難である。これについては章を改める。

元久の法難

専修念仏者への非難

専修念仏《せんじゅねんぶつ》弾圧について、筆者はこれまで概略つぎのように論じている（中井二〇一九）。

専修念仏弾圧の原因論

専修念仏に対する糾弾の嚆矢《こうし》たる「興福寺奏状」について、これまでの定説を覆し、停止《ちょうじ》要請がなされたのは専修念仏それ自体ではなく、専修念仏者の逸脱行為であったとする研究が登場した。専修念仏停止の院宣《いんぜん》・宣旨《せんじ》はくりかえし出たので、歴史上類例のない宗教弾圧と見てきたが、改めて関係史料を読み直すと、これまで専修念仏停止と見みなしていた歴史事象の多くは、必ずしも専修念仏そのものを停止したのではなく、問題を起こした専修念仏者への法的措置であった。これまで専修念仏停止を命令したと見てきた院宣・宣旨等は、元久二年（一二〇五）、同三年、建永二年（一二〇七）、建保五年（一二一七）、同七年、貞応三年（一二二四）と史料に現れる。これらを詳細に検討したところ、いずれも糾弾の対象となった専修念仏者への法的処断であり、考察した元久元年から貞応三年までの間、一度も専修念仏は停止されていなかった、という内容である。

平雅行氏は、従来の研究者が専修念仏弾圧の原因を論ずるに当たり、「しばしば「密通」・哀音亡国説・門弟の行状などに問題を矮小化してゆかざるを得なかったのは、選択本願念仏説の対象化が不十分で、諸行往生的な法然理解をしたため、貴族と同じ水準でしか事態を把握しえなかった」からであると批判している（平一九九二）。しかし、関連の史料を検討する限り、専修念仏者への弾圧は彼らの「行状」よりほかに原因は存在せず、当時の貴族と同じ水準で事態を把握することは、宣旨をくだす権限者の状況把握と問題意識を歴史的に理解することなのである。専修念仏者への抑圧は、専修念仏への抑圧と解釈されてもいたし方ない側面もある。しかしながら、専修念仏者の逸脱行為を禁止することは、専修念仏停止と同義ではない。これはある種の錯覚であろうが、正しい歴史理解ではないのである。こうした観点から晩年の法然を見ていこう。

送山門起請文と九条兼実消息

「浄土宗」の法難は元久元年に始まる。この年仲冬（十一月）、延暦《えんりゃく》寺《じ》衆徒は専修念仏停止を座主《ざす》真性《しんしょう》にせまった。法然《ほうねん》は「七箇条制誡」をしたためて門弟をいましめ、かつ座主に誓文を呈し、九条兼《くじょうかね》実《ざね》もまた真性に消息を進めたので、衆徒の訴訟には及ばなかった（『琳阿本』巻五、『古徳伝』巻五、『行状絵図』巻三一など）。法然の誓文は「送山門起請文《きしょうもん》」（『黒谷上人語灯録』巻十）と呼ばれて、元久元年十一月七日の日付を持つ。そのなかで法然は、「近日の風聞に云く、源空《(法然)》偏《ひとえ》に念仏の教を勧めて、余の教法を謗《そし》ると。諸宗これに依て陵夷《りょうい》し、諸行これに依て滅亡すと云々。この旨を伝へ聞くに、心神驚怖す」となげき、「本来化導を好まず、天性弘教を専らにせず。この外に僻説を以て弘通し、虚誕を以て披露せば、尤《もっと》も糾断あるべし、尤も炳誡《へいかい》あるべし。望む所なり、欣《ねが》ふ所なり。これらの子細、先年沙汰の時起請

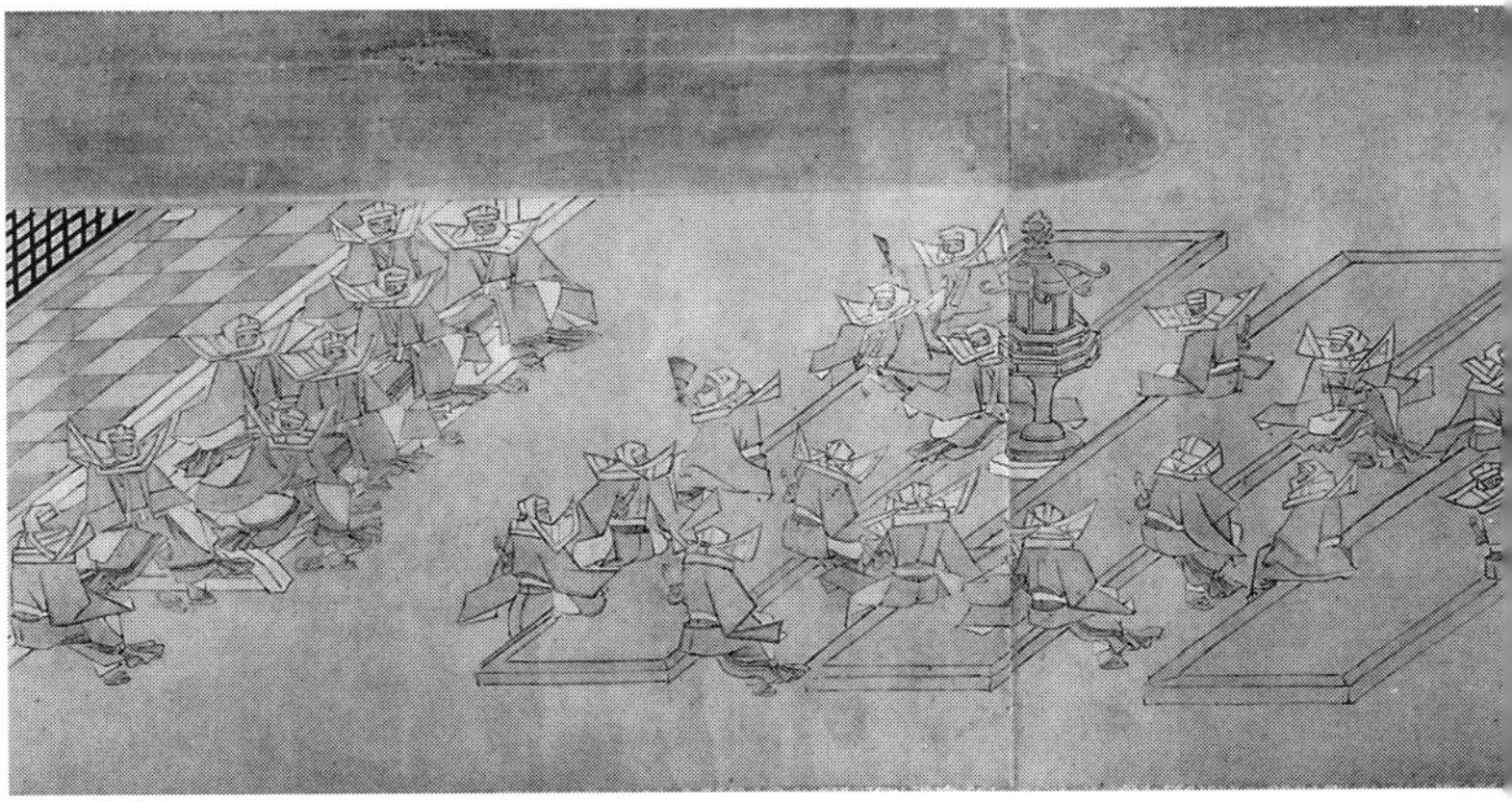

図22　山門衆徒の僉議（『法然上人行状絵図』巻31第１段より，知恩院所蔵）

を進め了《おわ》んぬ。その後今に変らず。重ねて陳ずるにあたはずと雖も、厳誡既に重畳するの間、誓状また再三に及ぶ」（『昭法全』七九四〜五）と述べている。源空（法然自身が他者に向かって言う実名）が念仏を勧めて他の教えをそしっているという風聞が流れている。かたよった説を広め、いつわりを人に言いあらわしたとなれば、糾弾があってしかるべきで、むしろ望むところだ。これらの子細に関しては「先年沙汰の時起請文を進め」たところであり、「誓状また再三に及ぶ」と弁解している。なお、「送山門起請文」の偽撰説（田村一九五六）があるが、浄土宗の宗学の立場からは否定されており、『選択集《せんちゃくしゅう》』の所説とも矛盾しないという（香月一九五九）。

つぎに取り上げるべきは十一月十三日付の兼実の消息（『琳阿本』巻五）である。宛所の「前《(行カ)》大僧正御房」を「大原の大僧正顕真」と誤解した以外、本文に問題はない（中井二〇一三）。ここでは『琳阿本』を継承した『古徳伝』（巻五）を用いる。その兼実消息に「念仏弘行の間の事、源空聖人《しょうにん》の起請文消息等、山門に披露の後、動静如何、最《もっとも》不審に候」（『法伝全』六一九）とあって、衆徒の専修念仏に対する動きはこのとき突如出てきたのではなく、法然は元久元年より以前から何度か起請文などを山門に差し出していたことがわかる。

延暦寺側の主張は、「送山門起請文」からは、法然がひとえに念仏の教えを勧め、余の教法をそしったために、諸宗がおとろえ、諸行が滅亡する状態をまねいたとあるが、具体的な言動は判明しない。しかし、兼実が消息のなかで、「上人浅深三重の過《とが》」の第二にあげる「念仏の行者、諸行を毀破する余《あまり》、経論を焚焼し、章疏《しょうしょ》をながしうしなふ。或は又、余善をもては三途《さんず》の業と称し、犯戒をもては九品《くほん》の因とすと云々。これをきかん緇素《しそ》、誰か驚歎せざらんや。諸宗の学徒専《もはら》欝陶するにたれり」というのが具体性を帯びている。

兼実が言うところは、念仏の行者が諸行を毀破するあまり、「他宗の」経論や章疏を焚燃または流失せしめ、「念仏以外の」余の善行は三途の業だと称し、戒律を犯すことが浄土へ往生する因となる、と。兼実は「但この条にを《（於）》きては、殆《ほとんど》信を取しめがたし」と否定するが、「事若《もし》実ならば科断またかたしとせず。ひとへに浮説をもて、咎を聖人にかくる条、理尽の沙汰にあらざる歟《か》」と、念仏者のこうした言動は非難されても仕方ないと見ており、門弟らの「浮説」の咎を師の法然にかけることの理不尽さを指摘する。そして第三の「一向専修の行人、余行を停止すべきよし勧進の条」に関連して、「恣《ほしいまま》に妄言をはき、猥《みだりがわし》く偏執をいたす由聞《きこえ》ある歟。是《これ》甚以不可也とす。聖人遮《しゃし》て是をいたむ。小僧《しょうそう》（兼実の自称）諫《いさみ》てこれを禁ず。当時すでに数輩の門徒をあつめて七箇条の起請を註し、各連署を取て、ながく証拠にそなふ」（『法伝全』六一九）とある。法然が普《あまね》く予が門人と号する念仏の上人らに告げた「七箇条制誡」は、延暦寺衆徒の専修念仏の行人に対する非難、すなわち「妄言」や「偏執」に対応して、弟子たちをいさめた手元保存用であった。

「七箇条制誡」

元久元年十一月七日付けの「七箇条制誡」の、

一、いまだ経文の一句も理解せずに、真言・止観を論破し、「阿弥

陀仏以外の」仏菩薩をそしることは停止《ちょうじ》す（やめる）べき事、
一、無智の身でありながら、有智の人や念仏以外の修行者に会って、好んで論争することは停止すべき事、
一、念仏以外の修行者に対し、愚かで偏執の心をもって、相手の修行を捨てよと言い立て、むやみにこれを嫌い、あざ笑うことは停止すべき事、
一、念仏門において戒行なしと称して、専ら淫事・飲酒・食肉を勧め、たまたま戒を守る者がいれば、雑行人と名づけ、弥陀の本願を頼む者は、造悪を恐れることなかれと説くことは停止すべき事、
一、未だ是非の分別もつかない愚かな人が、仏の教えを離れ、師の説に反して、勝手気ままに自分の教義を述べ、むやみに論争を企て、智者に笑われ、愚人を惑わすことは停止すべき事、
一、愚鈍の身でありながら、ことさら説教を好み、正しい仏法を知らずして、種々の邪法を説きて、無智の僧や俗人を教化することは停止すべき事、
一、みずから仏教でない邪法を説いて［これが］正しい仏法だと言い、偽って師の説

だと称することは停止すべき事、（『昭法全』七八七〜九）

と、一つ書きで「停止すべき事」と誡めた各条は、すべて延暦寺側の主張であったと考えられる。各条の事書《ことがき》（要旨）の文言は、専修念仏をなじる衆徒の大衆僉議《だいしゆうせんぎ》での口吻《こうふん》を書き写した感じがするのである。

九条兼実消息および「七箇条制誡」の各条から推測される延暦寺側から糾弾された専修念仏者の「過」は、諸行・余行の否定、犯戒と造悪の勧め、妄言や偏執であった。こうした論調は、つぎに取り上げる「興福寺奏状」でも展開される。

「興福寺奏状」の九失

元久二年十月、興福寺僧綱大法師らは、「殊に天裁を蒙り、永く沙門源空勧むる所の専修念仏の宗義を糺改せられんことを請ふの状」を言上し、「右、謹んで案内《あない》を考ふるに、一《ひとり》の沙門あり、世に法然と号す。念仏の宗を立てて、専修の行を勧む。その詞、古師に似たりと雖も、その心、多く本説に乖《そむ》けり。ほぼその過《とが》を勘《かんが》ふるに、略して九箇条あり」として、つぎの九箇条の「失」（あやまり）を列挙する。

「第一に新宗を立つる失」

「第二に新像を図する失」
「第三に釈尊を軽んずる失」
「第四に万善を妨ぐる失」
「第五に霊神を背く失」
「第六に浄土に暗き失」
「第七に念仏を誤る失」
「第八に釈衆を損ずる失」
「第九に国土を乱る失」

以上の「九失」のうち、延暦寺から糾弾された専修念仏者の「過」と軌を一にする「失」を拾いあげると、第三条「釈尊を軽んずる失」で、専修が「身に余仏を礼せず、口に余号を称せず」と、阿弥陀仏以外の諸仏を称礼《しょうらい》しない行為を指弾する。第四条「万善を妨ぐる失」で、「今［阿弥陀］一仏の名号に執着して、すべて出離の要路をふさぐ。（中略）しかる間、浮言は雲のごとく起こり、邪執は泉のごとく涌く。あるいは法花経を読む者は地獄に堕つと言い、あるいは法花を受持して往生浄土の業という者は、これ大乗を謗《そし》る人である」と、法華経《ほけきょう》の読誦《どくじゅ》を誹謗するような浮言や邪執を指弾する。第八条「釈衆を損ずる失」では、「専修が言うには、囲碁《ご》双六は専修に乖《そむ》かず、女犯肉食は往生を妨げず、末世《まっせ》の持戒は［むしろ］市中の虎である。恐るべし、悪《にく》むべし。もしある人が、罪を怖《おそ》れ悪を憚《はばか》らば、これは仏を憑《たのま》ない人である」というような麁言《そごん》（誹謗を含んだ粗暴な言葉）が国土に流布し、人の意を取るためにかえって法怨となっていると非難する（『鎌倉遺文』一五八六号文書）。

逆に「九失」のうちで初めて見える専修念仏への非難は、第一条「新宗を立つる失」、第二条「新像を図する失」、第五条「霊神を背く失」、第六条「浄土に暗き失」、第七条「念仏を誤る失」、第九条「国土を乱る失」の六項目である。ここでは前章との関連で第一条「新宗を立つる失」を取り上げたいが、その前にいわゆる「興福寺奏状」の古文書としての構成に言及したい。

「興福寺奏状」の構文と第一の「失」

「興福寺奏状」の構文

「興福寺奏状」（以下、奏状と略す）の構文に関する最近の学説を検討しよう。

まず奏状は、(A)「興福寺僧綱大法師等、誠惶誠恐謹言」（書き出し）、(B)「殊に天裁を蒙り、永く沙門源空勧むる所の専修念仏の宗義を糾改《きゅうかい》せられんことを請ふの状」（事書）から始まり、(C)「右、謹んで案内を考ふるに、一の沙門あり。世に法然と号す。念仏の宗を立てて、専修の行を勧む。（中略）八宗同心の訴訟、前代未聞なり。事の軽重、恭しく聖断を仰ぐ」という長文の事実書（本文）があって、その事実書が「望み請ふらくは、天裁、七道諸国に仰せて、沙門源空の専修念仏の宗義を糾改せられんことを、者《てえれば》、世尊付属の寄《よせ》、いよいよ法水を舜海《しゅんかい》の浪に和し、明王照臨の徳、永く魔雲を尭山《ぎょうざん》の風に払はん」まで続き、(D)「誠惶誠恐謹言」という書き止めで、いったん奏状は終わる。その後ろに、(E)「副へ進む奏状一通」とあり、ふたたび(F)「右、件《くだん》の源空、一門に偏執し、八宗を都滅《とめつ》す。（中略）望み請ふらくは、恩慈、早く奏聞を経て、七道諸国に仰せて、一向専修条条の過失を停止せられ、兼ねてまた罪科を源空幷《ならび》に弟子等に行はれんことを、者、永く破法の邪執を止《とど》め、還つて念仏の真道を知らん」という事実書が続き、(G)「仍《よ》つて言上件の如し」の書き止めで終わり、(H)「元久二年十月　日」の日付が記される。

この文書は、(A)書き出し、(B)事書に始まり、そして(C)「右、謹んで案内を考ふるに」から事実書（本文）があって、(D)「誠惶誠恐謹言」の書き止めで、いったん終わる。その後ろに(E)「副へ進む　奏状一通」とあり、ふたたび(F)「右、件の源空」以下の事実書が始まり、(G)「仍つて言上件の如し」の書き止めで終わり、(H)の日付が記される。文書様式の不自然さから、森新之助氏が指摘するように（森二〇一三）、二通の文書を連綴したと考えられる。森氏の指摘は斬新的であり、これまでの「興福寺奏状」の研究史を一変させた。

森氏は、(A)から(D)までを「甲状」、(F)から(G)までを「乙状」と名づけ、(H)の日付は甲状のもので、甲乙の二状を連綴した後人が、乙状から冒頭の要旨（事書）と末尾の日付を削除し、(E)「副進　奏状一通」の六字を加え、甲状の本文と日付の間に挿入した、という。ところが、鴨御祖太神宮社司等重申状（『鎌倉遺文』二四六一七号）を参考にした平雅行氏は、奏状の後半（乙状）と鴨御祖太神宮社司等重申状を対照すると、(E)の副進文書の記載以下の事実書の(F)、書き止めの(G)、日付(H)が対応するという（平二〇一七）。すなわち、奏状の後半（乙状）は鴨御祖太神宮社司等重申状の冒頭に相当する書き出しと事書の部分が欠落しているのである。この平氏の見解は古文書の様式論から言えば正しい。ただし、平氏は奏状の後半（乙状）を「重申状」（二次的に提出した訴状）と見ていたが、副進文書の添付は本解状（最初に提出した訴状）の場合であっても差し支えないのである。ここでは「副進」した奏状一通が「興福寺奏状」の前半（甲状）を指し、しかもその甲状の作成が元久二年（一二〇五）十月より以前の、一定の年月を経た時点であることを推測させるに足りればよいのである。

坪井剛氏は、奏状の後半（乙状）を一般的な訴状の「申状《もうしじょう》」と見て、「興福寺五師三綱等申状」と名づけ、(F)に見える「望み請ふらくは、恩慈、早く奏聞を経て」という語句を手がかりに、興福寺五師三綱等が藤原氏の氏長者（摂政）九条良経に対して、奏状の前半（甲状）を朝廷に奏聞をしてもらい、訴訟ルートに乗せることを申し出たものであったと推考した（坪井二〇一四）。坪井氏の考察は緻密な史料を駆使しただけに、その結論には従わざるを得ない。ただ、「甲状」と「申状」が同時に出されたと見なす見解には残念ながら同意できない。もし同時にだされたと見なせば、(E)「副進　奏状一通」の文言が宙に浮くからである。

「奏状」と「申状」

平氏や坪井氏の見解を参考に、行論の都合上、興福寺奏状の前半（甲状）をこれまでどおり「奏状」、後半（乙状）を新たに「申状」と略称する。「奏状」と「申状」が同時に提出されたと考えた場合、なぜ「奏状」と「申状」を分けて提出しなければならなかったのかが説明できない。森氏のごとく現状の「興福寺奏状」を二通の文書を連綴させた文書と見なすとき、あるいは平・坪井両氏のごとくこの二通を本解状と重申状の関係と見なすとき、そのいずれであっても各文書の発信時はおのずから異なるのである。

さて「奏状」の主体部は、九箇条の「失」にある。城福雅伸氏の研究によると、一向専修条々の過失の停止や宗義の糺改を要請しており、法然に対する罪科を成立させる所論は不分明だという（城福一九九一・一九九五）。そして、九箇条の「失」のうちで最も眼目として停止を訴えようとしたのは、第八条に「奏聞の趣、専らこれらに在る歟《か》」とあるように、破戒を宗となすような常識を逸脱した過激な言動であり、興福寺からの「奏状」は法然や専修念仏思想そのものの停止ではなかったと結論づける。

一方、「申状」は、きわめて厳しい論調である。諸宗は同心して天奏（天皇に上奏すること）に及ぼうとしたが、源空《げんくう》が怠状（詫び状）を進めたので、「欝陶に足らざるの由」の院宣が下り、衆徒は驚歎した。「申状」には延暦寺からの推問に対して源空が起請文を呈したのち、弟子らが信者たちに法然のことばには表裏があるので真意はわからないと告げていたようで、事態の改善は見られないと述べ、このたびの怠状もまた以前と同様なら、不実の奏事によって罪科は重く、源空と弟子らを罪科に処することを請うている。

前述のとおり、「申状」には「奏状」を添付していた。両者は内容上の関連性を有するが、「奏状」は「申状」ほどに法然その人を非難していない。そこで、「奏状」が先で、

「沙門源空の専修念仏の宗義を糺改せらんこと」を請うた奏状であるのに対して、「申状」は「奏状」を踏まえて修文され、「奏状」よりあとから「一向専修条々の過失を停止せられ、兼てまた罪科を源空幷《ならび》に弟子等に行はれんこと」を請うた申状であったと考えることができる。

「申状」を元久二年十月のものと見るなら、「奏状」はいつのものか。平氏は『行状絵図』に、「其後興福寺の欝陶やまず、同（元久）二年九月に蜂起をなし、白疏をさゝぐ」（巻三一『法伝全』二〇七）とあるのを引き、元久二年九月のものだと推測していた（平二〇一七）。だが、「奏状」と「申状」の間が一ヵ月というのでは何とも忙し過ぎる。「奏状」が上奏されたあとに、「叡山、使を発して推問を加ふるの日、源空筆を染めて起請を書くの後、彼の弟子等、道俗に告げて云く、（中略）その後、邪見の利口、都《すべ》て改革なし。今度の怠状、また以て同前歟《か》」という事態のことが起きている。「申状」を重申状の性格を有する文書と見なすなら、「奏状」に対する朝廷の協議など、相当な時日を要するはずである。とても一ヵ月の後に「申状」が出されたとは考えられない。そこで「奏状」の上奏は元久元年か、またはそれ以前のことと推測しておく。

「浄土宗」の付法

さて、興福寺奏状の構文に紙数を割いたが、ここで課題を法然が立てた「浄土宗」の付法の問題に戻そう。「奏状」の主体は九箇条の「失」の指摘にあった。最初に取り上げるべきは第一の「失」である。

第一に新宗を立つる失。それ仏法東漸の後、我が朝に八宗有り。或は異域の神人来りて伝受し、或は本朝の高僧往きて益《やく》を請ふ。（中略）その新宗を興し、一途を開くの者、中古より以降、絶えて聞かず。（中略）若しそれ浄土の念仏を以て別宗と名づけば、一代の聖教、ただ弥陀一仏の称名のみを説き、三蔵の旨帰、偏に西方一界の往生のみに在らんか。今末代に及びて始めて一宗を建てしむるは、源空其の伝燈の大祖なるか。あに百済の智鳳、大唐の鑑真のごとく、千代の規範と称し、寧《なん》ぞ高野の弘法、叡山の伝教に同じく、万葉の昌栄ある者か。若し古より相承して今に始まらずとならば、誰《た》が聖哲に遭ひて面受口訣し、幾《いくばく》の内証を以て教誡示導せしや。たとひ功あり徳ありと雖も、すべからく公家に奏して以て勅を待つべし。私に一宗と号すること、甚だ以て不当なり。

いま要点を抄訳するとつぎのようになる。

仏教が伝わって以来、わが国には八宗がある。この八宗以外に新宗を興した者の名を聞かない。もし浄土の念仏を［通仏教のそれとは異なる］別個の宗と名づけるのなら、釈迦《しゃか》一代の教えは阿弥陀一仏の称名だけを説き、仏教の趣旨は西方浄土《さいほうじょうど》への往生しかないことになる。この末代の世に初めて一宗を立てるとは、源空はその大祖なのか。どうして弘法・伝教と同じく万代の栄昌がある者か［そのような者ではない］。［浄土宗の］相承は今に始まったことではないというのなら、どなたに遇って面授口訣し、どのような内心の悟りをもって［後継者に］教示して来たのか。たとい功績や人徳があっても［新宗の建立には］勅許が必要だ。私に一宗と号することは甚だ不当である。

ここで重要な点は、「若し古より相承して今に始まらずとならば、誰が聖哲に遭ひて面受口訣し、幾の内証を以て教誡示導せしや」という「浄土宗の譜脈（師資相承《ししそうしょう》）の存否」である。法然はこうした非難に対して、初めは無視していたようで、文治六年（一一九〇）の東大寺における三部経講説の『阿弥陀経釈』では、「善導和尚往生浄土宗に於ては、経論ありと雖も習学する人なく、疏釈ありと雖も鑽仰するに倫《ともがら》もなし。然らば則ち相承血脈の法あることなく、面授口決の儀に非ず」（『昭法全』一四五）と、善導から血脈相承や面授口訣のないことを自覚していた。

ところが、中原師秀に請われて説法したときの筆録『逆修《ぎやくしゅ》説法』になると、浄土宗の師資相承を意識し出す。『逆修説法』は東大寺三部経講説より以降、『選択集』以前の著述と考えられているが、その異本である『法然聖人御説法事』（『西方指南抄』所収）によると、「マタコノ浄土ノ法門ニオイテ、宗ノ名ヲタツ《（立）》ルコト、ハジメテマフス《（申）》ニアラズ。ソノ証拠コレオホ《（多）》シ」として、新羅の元暁の著述などに「浄土宗」の名が見えることを述べたあとに、「天台法相等ノ諸宗ミナ師資相承ニヨル。シカルニ浄土宗ニ師資相承血脈次第アリ」として、

菩提流支三蔵・恵寵法師・道場法師・曇鸞法師・法上法師・道綽禅師・善導禅師・懐感禅師・小康法師等ナリ。（中略）自他宗ノ人師スデニ浄土一宗トナヅケタリ。浄土宗ノ祖師マタ次第ニ相承セリ。コレニヨ《（依）》テイマ相伝シテ浄土宗トナヅクルモノナリ。シカルヲコノムネ《（旨）》ヲシラ《（知）》ザルトモガラ《（輩）》ハ、ムカシ《（昔）》ヨリイマダ八宗ノホカニ、浄土宗トイフコトヲキカズト難破スルコトモ候ヘバ、イササカ《（些）》マフ《（申）》シヒラキ候ナリ。（『昭法

全』一七二〜三）と述べ、当時の仏教界から「師資相承」なくして「浄土宗」を立てているとの批判に応えている（大橋一九九八）。ただ、これらの批判は、法然以前と法然以後とに分けて考えるべきである。法然以前の「師資相承」の「面授口訣」はなかったが、『選択集』選述時の善導の夢中来現がそれに代わり、法然以後の「師資相承」の「内証教示」は新たに『選択集』の授与をもってしたのではないだろうか。後者の場合、「口伝」よりも「書伝」を重視したと思われる。

興福寺の重訴と朝廷の対応

『行状絵図』所載の宣旨

元久二年（一二〇五）十月の「興福寺五師三綱等申状」に対して、『行状絵図』に、

これにつきて、同十二月廿九日宣旨を下されて云、頃年《としごろ》源空上人、都鄙にあまねく念仏をすゝむ。道俗おほく教化におもむく。而《しかるに》今彼門弟の中に、邪執の輩、名を専修にかる（借）をもちて、咎を破戒にかえりみず。是偏《これひとえに》門弟の浅智よりおこりて、かへりて源空が本懐にそむく。偏執を禁遏の制に守《まもる》といふとも、刑罰を誘諭の輩にくはふることなかれと云々。取詮。（巻三一『法伝全』二〇七〜八）

とある。「源空上人の門弟のなかに邪執の者がいて、専修にかこつけて破戒の罪を行っている。これは門弟の浅智恵から出てきたことで、源空の本懐に背くものだ。偏執は禁圧するが、導き諭す人たちに刑罰を加えてはならない」という趣旨の宣旨が下されたのである。そこで、翌年の元久三年二月になって興福寺側の反撃が展開する。三条長兼《さんじょうながかね》の日記『三《さん》長記《ちょうき》』によって摘記すると、以下のとおりである。

二月十四日に、法々(本)房と安楽房の両人を召し出すべしという後鳥羽《ごとば》院の院宣が下された。長兼は「件の法々・安楽両人は源空上人の一弟なり。安楽房は諸人を勧進《かんじん》し、法々房は一念往生の義を立つ。仍《より》てこの両人を配流せらるべきの由、山階寺衆徒重ねてこれを訴え申す。仍てこの沙汰に及ぶ歟《か》」と興福寺衆徒の重訴のことを記し、「その操行に於ては、縦《たと》ひ不善たりと雖も、勧むる所執する所はただ念仏往生の義なり。この事に於て罪科に行はるるは、痛哭すべし痛哭すべし」と嘆き、法本・安楽に同情さえしている。

法然は仏法の怨敵、僻見不善の者

元久三年二月二十日に、興福寺衆徒が「先度宣下の状、訴訟の本意に背く」と言いたて、これは長兼が作為したものだと主張し、五師三綱らが摂政九条良経に面会を懇望した。二十一日、良経の仰せで

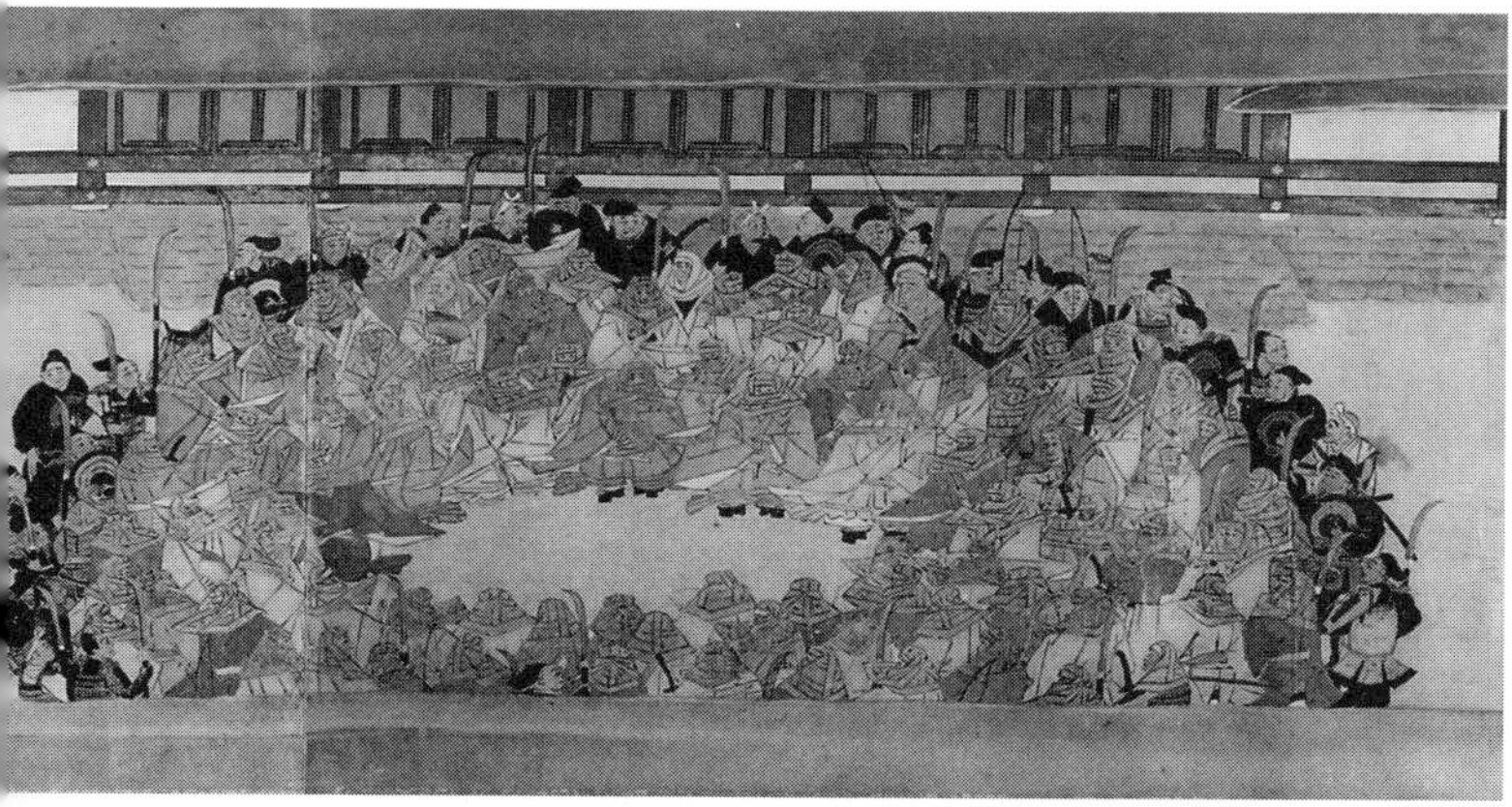

図23　興福寺衆徒の強訴（『法然上人行状絵図』巻31第4段より，知恩院所蔵）

長兼は五師三綱たちの申状を聞くことになった。五師三綱らはつぎのように言う。

源空は仏法の怨敵なり。子細度々言上し了《おわ》んぬ。その身并《ならび》に弟子安楽・成覚この弟子未だ名字を知らず・住蓮・法本等を罪科に行はるべし。源空、諸教を謗らざるの由、起請を進むと云々。その後所々に於てなほ謗訕《ぼうせん》を止めず。すでに奏事不実ならば、違勅の者なり。尤も罪科に行はるべし。当時披露の宣下の状の中に、源空上人の由これを載せらる。上人と云ふは智徳を兼ぬる者を云ふなり。源空は僻見不善の者なり。門弟の浅智より起りて、源空の本懐に背く、この句また源空の過怠なき

に似る。また漫《みだり》に制罰を誘諭の輩に加ふることなかれの句は、偏執を禁ぜらるの由見ゆると雖も、罰すべからざるの由これを載せらるの間、念仏宗の輩、各《おのおの》雄《おお》と称し、弥《いよい》よ不善の心を［増す］。またなほ念仏宗の宗字、専修の名号を停止せらるべきの由、これを仰せ下さるべし。

というものであった。「当時披露の宣下の状」が『行状絵図』の「十二月廿九日宣旨」を指すことは明らかである。興福寺側の言い分を長兼から聞いた良経は、興福寺は「仏法興立《（隆）》」のために訴訟に及んだのだから、後鳥羽院に奏聞すべきであり、「宣下状」（十二月廿九日宣旨）は訴訟の趣旨に背いていないが、瑕疵《かし》がなくもないので、「重申状の趣」もまた奏聞せよと、長兼に命じた。

二十二日、後鳥羽院の勅定は、先の宣旨は未施行ということもあって、「本解条々」「の文言」を載せるように計らい、源空の一弟中の安楽・法本の両人は偏執が傍輩にすぎるので罪科に処することとし、興福寺の訴訟は言上のごとくは裁許できないが、仏法興隆の志から起こしたことだから、大略申請にまかせて沙汰する、という興福寺側によって有利な内容であった。

二月三十日、長兼は宣旨を下し、「沙門行空(法本)は、忽ちに一念往生の義を立て、故《ことさらに》に十戒毀犯の業を勧め、恣に余仏を誘り、その念仏行を願進す。沙門遵西(安楽)は、専修と称して余教を毀破し、邪執に任せて衆善を遏妨す」の罪状をもって、明法博士に罪名を勘申せしめた。このとき法然は行空を破門《はもん》している。

後鳥羽院勅定に対する公卿らの意見

専修念仏のことが『三長記』に再び現れるのは四ヵ月後の、改元して建永元年六月である。この間、摂政の九条良経《よしつね》が三月七日、三十八歳の若さで突然薨去《こうきょ》し、三月十日、代わって近衛家実《このえいえざね》が摂政に就いた。長兼は六月十三日、法性寺《ほっしょうじ》入道殿（九条兼実）に召され、念仏宗のことを細かに尋ねられ、十六日に後鳥羽院からも念仏宗《ねんぶつしゅう》に関する事柄を尋ねられている。朝議がようやく動き出したのだ。二十一日に後鳥羽院は、

専(修)宗念仏事、源空上人門弟等、一向勧進の間、還《かえり》て諸宗を誹謗す。余行に於ては出

離の要に非ざるの由遍《ひとえ》にこれを称す。茲《これ》に因りて仏法衰微に及ぶの由、興福寺衆徒これを訴へ申す。仍《よっ》て宣下されるべきなり。

という宣旨の原案とも言うべき仰《おおせ》詞《ことば》を回覧し、さらに「若しこの宣下に依りて念仏また衰微せしめば、已《すで》に罪業なり。計り申さるべし」と口頭で付言し、中山入道関白（松殿基房）・入道左府（三条実房）・摂政（近衛家実）・東宮傅（大炊御門《おおいのみかど》頼実）などに意見を徴した。松殿基房の意見は、宣下の状は致し方ないとしても、辺鄙の輩がこれを「念仏停止宣旨」と誤解して、もし一人でも信心を翻せば［宣旨を下した者の］罪業になると憂慮し、念仏の咎がこれほど問題になるとは、勧進の偏執に同情の余地がないと嘆いている。三条実房は「偏執の勧進、誠に過分の聞こえあり。仰せ下さるの趣、已に委細なり。この状を守らば、何ぞ念仏衰微に及ぶべきや」と述べて念仏勧進の偏執を指摘する。大炊御門頼実は、「偏執の聞こえ遍《あまね》しと雖も、年来薫修《くんじゅ》の行、或はその志を翻し、或は変らざるは、人の意に依るべし。強ひて一揆すべからざるか。勧むる所強ちに罪業に非ず」と言い、そして基房と同様に、この宣下を「念仏停止宣旨」と称して、信心を翻すような連中が出現することを危惧している。

基房や頼実の専修念仏に対する意見は、彼らが法然の崇拝者であったから好意的に発言したのではない。念仏勧進の偏執は禁止されるべきだが、それが法の意図を知らないものから念仏禁止令に受け取られて、信心を翻したり年来薫修の行を変えたりすれば、かえって宣下した者の罪業となると危惧したのだ。こうした意見は、法治国家の為政者として当然の態度であった。公卿の多くが興福寺衆徒の言動に対して、批判的・抑制的であったのは（田村一九五六）、専修念仏者の不法な偏執行為と正当な勧進行為とを峻別して見ていたからである。

偏執の勧進は禁止するも、専修念仏は禁止せず

上横手雅敬氏の「偏執の勧進は禁止するものの、専修念仏そのものは禁止しないという一線を朝廷は守っているのである」（上横手二〇〇八）という見方は、まったく正鵠を得ている。

建永の法難

後鳥羽院の私刑説

熊野参詣中の不祥事

興福寺《こうふくじ》からの「申状《もうしじょう》」に対し宣旨《せんじ》は未執行であったし、重訴《じゅうそ》（重申状）にこたえた宣旨が出された形跡はない。結局、朝廷内部で意見が集約されないまま、日時が経過したのであろう。ところが、建永元年（一二〇六）十二月九日、後鳥羽《ごとば》院は熊野参詣《くまのさんけい》に出発、二十八日に帰洛した（『猪熊関白記』）。この留守中に不祥事が起きたのである。『明月記《めいげつき》』の翌建永二年正月二十四日条に、「専修念仏の輩停止の事、重ねて宣下すべしと云々、去る比《ころ》聊か事故ありと云々、その事已に軽きに非ず、また子細を知らず、筆を染めるに及ばず」と記す。「重ねて宣下すべしと云々」とは、前年六月に検討された「念仏宗宣下」の継続事案としてとらえられていたとも考えられる。そして二月九日条に、「近日ただ一向専修《いっこうせんじゅ》の沙汰、搦め取られ拷問せらると云々。筆端の及ぶ所に非ず」とあって、専修念仏者の逮捕・拷問《ごうもん》が行われたことが記されている。これを平雅行氏は後鳥羽院が滞在してた水無瀬殿において拷問が行われたと推測している（平二〇一八）。だが、念仏者たちをわざわざ水無瀬殿まで連行する必要性はなく、逮捕・拷問に当たった官人は京の検非《けび》違使《いし》だと思われる。もし離宮の水無瀬殿にて拷問が行われたとするなら、上横手雅敬氏の主張する後鳥羽院私刑説を補強することになろう。

さて「事故」に言及した史料を二、三あげよう。

又建永ノ年、法然房ト云上人アリキ。マヂカク京中ヲスミカ（住処）ニテ、念仏宗ヲ立テ、専宗（修）念仏ト号シテ、タヾアミダ仏トバカリ申べキ也。（中略）ソノ中ニ安楽房トテ泰経入道ガモトニアリケル侍ノ入道シテ、専修ノ行人トテ、又住蓮トツガイ（番）テ、六時礼讃ハ善導和上ノ行ナリトテ、コレヲタテ、、尼ドモニ帰依渇仰セラル、者出《いで》キニケリ。ソレラガアマリサヘ云ハヤリテ、（中略）京田舎サナガラ、コノヤウニナリケル程ニ、院ノ小御所ノ女房、仁和寺ノ御ムロノ御母、マジリニコレヲ信ジテ、ミソカ（密）ニ安楽房ナド云モノヨビヨセテ、コノヤウト《（説）》カセテキカ《（聞）》ントシケレバ、又グシテ行向《いきむかう》ドウレイ《（同僚）》タチ出《いで》キナンドシテ、夜《よ》ルサヘト《（止）》ゞメナドスル事出キタリケリ。トカク云バカリナクテ、終ニ安楽・住蓮頸キラレニケリ。法然上人ナガシテ、京中ニア《（在）》ルマジニテ、ヲ《（追）》ハレニケリ。（『愚管抄』六）

法然《ほうねん》房の弟子安楽と住蓮が善導の六時礼讃《ろくじらいさん》を修し、尼たちに帰依《きえ》渇仰《かつごう》されていた。院の小御所《こごしょ》の女房がひそかに安楽を呼び寄せ、説教を聞こうとしたので、いっしょになって来る同輩もいて、夜もとめるようになった。いわゆる「密通」に及んだかわからないが、「院ノ小御所ノ女房」のなかの「仁和寺ノ御ムロノ御母」（道助法親王の母）である西御方（坊門局《ぼうもんのつぼね》）は、後鳥羽院の寵愛を受けている女房だけに、事態は深刻であった。

隠岐の法皇御熊野詣のひまに、小御所の女房達、つれ〳〵《（徒然）》をなぐさめんために、聖人の御弟子蔵人入道安楽房は、日本第一の美僧なりければ、これをめしよせて礼讃をさせて、そのまぎれに灯明をけして、是をとらへ、種々の不思議の事どもありけり。法皇御下向の後、是をきこしめして、逆鱗の余に重《（住）》蓮・安楽弐人は、やがて死罪に行れけり。その余失なをやまずして、上人の上に及て、建永二年三月廿七日、御年七十

九（ママ）、思食《おぼしめし》よらぬ遠流の事ありけり。（『弘願本』巻四『法伝全』五三九）

法然伝のなかでも珍しく露骨に、小御所の女房たちが安楽を召し寄せ、礼讃にまぎれて、灯火を消し「不思議の事」があったと記している。

源空上人法然房と号すを土佐《とさ》国に配流《はいる》す。専修念仏の事に依てなり。近日件《くだん》の門弟等世間に充満す。事を念仏に寄せて、貴賤并《ならび》に人妻、然るべき人々の女《むすめ》と密通す。制法に拘はらず、日新の間、上人等を搦《から》め取る。或は羅（頸カ）を切られ、或はその身を禁ぜらる。女人等また沙汰あり。且《かつ》は専修念仏の子細、諸宗殊に鬱し申すの故なり。（『皇帝紀抄』承元々年二月十八日条）

法然が専修念仏の事で土佐国に流される。その前提の事件に関して「近日件の門弟等」とだけあって、人名は記していない。貴賤の人妻や子女と密通《みっつう》し、制法にかかわらない状態が日ごとに高じていったとある。当時、僧位僧官を帯する高位僧の多くは妻帯していた。子をなしていたことは『尊卑分脈《そんぴぶんみゃく》』を見れば明らかで、特別に珍しいことではなかった。ただ、とくに非難されたのは「密通」であった。その密通が専修念仏にからんでいたとなれば、当然問題視される。「且は専修念仏の子細、諸宗殊に鬱し申すの故なり」とは、「これ以前に専修念仏に異議を申し立てるほどの差し障りがあって、それを諸宗が訴え出たためだ」という意味の付言で、諸宗の訴訟と法然の流罪が関係するというのである。この点で注目されるのが親鸞《しんらん》の『教行信証《きょうぎょうしんしょう》』後序の、

斯《ここ》を以て興福寺の学徒、太上天皇後鳥羽院と号す、諱は尊成今上土御門院と号す、諱は為仁の聖暦、承元丁卯《ていぼう》歳仲春上旬の候に奏達す。主上臣下、法に背き義に違ひ、忿りを成し怨みを結ぶ。茲《これ》に因て、真宗興隆の大祖源空法師幷に門徒数輩、罪科を考へず猥《みだりがわしく》死罪に坐す。或は僧儀を改め、姓名を賜りて遠流に処す。予はその一なり。（『真聖全』二―二〇一）

である。親鸞は「興福寺学徒」が承元元年（建永二年十月二十五日改元）二月上旬に奏達したので、「源空法師幷に門徒数輩」の死罪・流罪が行われたと特筆している。実際に処せられた死罪四人・流罪八人の名指しは、この興福寺側からの奏達に基づくものであったと考えられている（平二〇一七）。覚如《かくにょ》が編集した『古徳伝』巻七には、門弟の「不慮」の事件で「ことの計会おりふしあしく」、興福寺学徒の奏事が「左右なく勅許《ちょっきょ》」になったと記すように（『法伝全』六二八）、すぐに罪名の議定に及び、素早く遠流の勅宣が下ったというのが、事の成り行きの実情を表わしていると思われる。ここに後鳥羽院の「逆鱗《げきりん》」の

さまを看取るのである。

「厳制五箇条」とは

さて、問題はこのとき専修念仏停止の法令が発布されたのか、である。筆者はかつて建保七年（一二一九）閏二月八日官宣旨《せんじ》（『鎌倉遺文』二四五八号文書）に「去る建永二季（年）の春、厳制五箇条を以て裁許し、官符施行先に畢《おわ》んぬ」と見える「厳制五箇条」が該当し、『法然上人伝記』（九巻伝）に、「建永二年丁卯二月、念仏の行人に下さるゝ宣旨云《いわく》、顕密の両宗、丹府を焦して歎息し、南北の衆徒、白疏を捧て欝訟す。誠にこれ天魔障遮の結構と謂ひつべし。寧《な》んぞまた仏法弘通の怨讐に非ずやと云々」（巻六上『法伝全』四二一）とあるのがその逸文だと考えたことがある（中井一九九四）。宣旨と称する文は『伝法絵』にも引かれているが「遂ニ源空門弟等、不思議を示て、咎を本師に仰せて、遠流ニ処らる」（巻三『法伝全』四八五）と見える。「源空門弟等」以下も宣旨の一部だとすれば、法然らを流罪に処した宣旨と見なさざるを得ないのである。ただ、宣旨を忠実に引用しているかどうかもわからず、また宣旨に、「誠にこれ天魔障遮の結構と謂ひつべし。寧んぞまた仏法弘通の怨讐に非ずや」と専修念仏を非難する言辞があったとしても、それは「顕密《けんみつ》の両宗」（「南北の衆徒」）の「白疏」（奏状）の一部を引用した残滓《ざんし》にすぎない。要するに、「厳制五箇条」という限り何らかの法制が存したと思われるが、遺憾ながらよくわからないのである。

ところで、『行状絵図』に、法然は流刑の報に接し歎き悲しむ法蓮房（信空）らに、「流刑さらにうらみとすべからず」「すこぶる朝恩ともいふべし」（巻三三『法伝全』二二六）という寛容な言葉を述べている。

承久の乱は法然への迫害ゆえか

その反面、とくに注目したいのは、

たゞしいたむところは、源空が興ずる浄土の法門は、濁世末代の衆生の決定出離の要道なるがゆへに、常随守護の神祇冥道さだめて無道の障難をとがめ給はむか。命あらむともがら、因果のむなしからざる事をおもひあはすべし。

という一節である。法然のことばは、弟子の罪を課《おお》せて遠流に処せられる、いわば無念さを吐露したものだが、その原拠は『琳阿本』にあって、『古徳伝』そして『行状絵図』へと継承された。流暢な詞書をもって知られる『古徳伝』によれば、

但いたむ所は、源空興ずる浄土の法門は、濁世衆生の決定出離の要道なるがゆへに、守護の天等、定て冥瞰《めいかん》をいたさん歟《か》。若爾者《もししからば》貧道が流罪、弟子住蓮安楽が斬刑、如是《かくのごとき》

の事前代いまだきかず。事《こと》常篇にたへたり。因果のむなしからざること、いきて世に住せば思合べきなりと云々。（中略）又後に信空上人云《いわく》、先師の言相違せず、はたしてその報あり。如何者《いかんとなれば》、承久の騒乱に東夷上都を静謐せしとき、君は北海の島の中にまし〳〵て多年心をいたましめ、臣は東土の路の頭《ほとり》にして一時に命をうしなふ。先言違はず、後生宜しく聞くべしと云々。（巻七『法伝全』六二九〜三〇）

とある。『行状絵図』は為政者への批判の態度は薄められるが、『琳阿本』や『古徳伝』は法然が「源空興ずる浄土の法門」は仏法守護の天ら（神々）が冥瞰（冥界から見る）するであろうと予言し、さらに「貧道が流罪、弟子住蓮安楽が斬刑」は前代未聞の「常篇にたへたり」と、その理不尽さを非難し、「因果のむなしからざること」を思い合わすべしと断じている。これは承久の乱による後鳥羽上皇の隠岐遷幸が建永の法難のむくいである、という歴史認識を提示したものと注目される。承久の乱を目にした信空は、上皇が北海の島（隠岐）に多年心をなやまし、寵臣が東国への路頭で命を失ったので、「先言違はず、後生宜しく聞くべし」と語っている。これら一連のはなしを『行状絵図』など伝記作者の創作であると決めつける学説もあるが（田村一九五六）、筆者は実話だと見なしてよいと思う。

ところで、上人の配流先が土佐《とさ》国に決したことについて、平雅行氏は九条兼実の知行国《ちぎようこく》であったことを理由にあげ、『三長記』元久三年（一二〇六）四月三日条を取り上げる（平二〇一二）。

流罪先を土佐に決めた理由

天曙に書到来するを聞く。越後・讃岐を以て、土佐と申し替へらる。入道殿の御計らひなり。抑《そもそ》も故殿（良経）の御事、上皇殊に御悲歎あり。彼の両国、御一忌の間、沙汰に及ぶべからざる歟《か》。讃州忽《たちまち》に飛（乱）行すべきの由、その聞こえあるに依り、入道殿申し替へせしめ給ふべきなり。

九条家の当主・良経（兼実の二男）が同年三月七日に三十八歳で突如亡くなった。入道殿（兼実）の申し出により、知行国の越後《えちご》・讃岐《さぬき》の両国を土佐国と交換したのである。故殿（良経）の死を悲歎した後鳥羽上皇は一周忌までそのままにしておこうと考えたが、国主の死亡で讃岐がたちまち乱れるという風聞があったからだ。「法性寺殿に参る。土佐国務の間の事、仰せ下さるるの旨等あり」（四月四日条）、「今日土佐国へ先づ使を遣はす。土佐の国務職景《もとかげ》を以て奉書を在庁官人中に遣はすなり」（四月五日条）などと、すぐさま土佐の国務が兼実によって行われている。法然が流罪に処せられた「建永の法難」の時点で、土佐国が兼実の知行国であったことは疑えない。

平氏は、治承三年（一一七九）平清盛《たいらのきよもり》のクーデターで関白を解かれ出家した松殿基房《まつどのもとふさ》が大宰府《だざいふ》に流されるとき、出家を勧めた前大納言藤原邦綱が清盛に申請して基房の流罪先を自分の知行国の備前国《びぜん》にあらため（『山槐記』治承三年十二月十四日条）、また建仁三年（一二〇三）聖徳太子の墓をあばいて歯を盗み、遠流《おんる》に処せられるべき僧浄戒と見光を、東大寺大勧進重源《かんじんちょうげん》の申請によってその知行国である備前国と周防国に配流した（『百錬鈔』建仁三年五月二十八日条）という二つの事例をあげ、「囚人預置」慣行にしたがって、後鳥羽上皇は兼実の知行国である土佐国を法然の流罪先に決め、流罪中の法然の身柄管理を兼実にゆだねたという。

平氏があげた囚人の配流先を自己の知行国に変更した事例は、いずれも縁者の「申請」に基づくもので、法然の場合は少し事情がことなるように思える。第一に「遠流」の流刑地が「遠国《おんごく》」の土佐国であることに意味があり、法然の配流先の決定に兼実からの「申請」が存したかはわからない。第二に土佐が兼実の知行国であるゆえに決まったとしても、幡多《はた》という土佐でも西端の地ではなく、親鸞が越後の国府であったように、土佐の国府でよかったはずである。以上の二点から平説に若干の疑問をいだくのである。

ところが、法然の配流先は土佐国から讃岐国に変更され、小松庄に着いた。『行状絵図』に、

さて禅定殿下、土左国まではあまりにはるかなる程なり、わが知行の国なればとて、讃岐国へぞうつしたてまつられける（巻三四『法伝全』二二九）。

と記し、讃岐国が禅定殿下（兼実）の知行国であったからだとするが、この『行状絵図』の記事は『弘願本』の、「遠流の時ことさら九条殿の御沙汰にて、土佐へは御代官をつかはして、上人をばわが所領讃岐におきまいらせ給ける」（巻三『法伝全』五三六）を受けており、「わが所領」のある讃岐国という方が事実を現していると思われる。小松庄は九条家の荘園であった（『鎌倉遺文』一四四八号文書）。

流罪の途次、漁師を教化

流罪地に向かう法然の一行が淀川河口から瀬戸内海を西に進み、経《きょう》の島に着いた。経の島は経ヶ島とも言い、日宋貿易《にっそうぼうえき》の拠点である大輪田《おおわだ》の泊《とまり》に、平清盛が交易の拡大と波浪《はろう》よけのために築造した人工島であり、現在の神戸市兵庫区の辺りと推察される。この経の島で、「村里の男女老少、そのかず

おほ《（多）》くあつまりて、上人に結縁《けちえん》したてまつりけり」と記すが（『行状絵図』巻三四『法伝全』一二三〇）、法然の教化の内容はわからない。

次の停泊地は、加古川《かこがわ》の河口にある高砂《たかさご》の浦で、風光明媚の地としても知られていた。ここでも多くの人が法然に結縁したが、そのなかに七十歳過ぎの翁《おきな》と六十歳余りの嫗《おみな》の夫婦がいて、

「私どもはこの浦に住む漁師です。幼少のころから魚介を獲ることを生業として、朝夕に魚の命を絶って暮らしております。生き物の命を殺すものは、地獄に落ちて苦しみに耐えられないと申します。どのようにすれば、この苦しみから免れるのでしょうか。どうかお助けください」と、法然の前で泣きながら手を合わせた。

法然はこの老夫婦を気の毒に思い、「あなたたちのような暮らしをしている者でも、ただ口に南無阿弥陀仏と唱えれば、仏の慈悲に満ちた本願の力によって、浄土に往生できる」と懇切に教えたので、二人は涙にむせびながら喜んだ。法然の話を受けてからのちは、昼は海に出て魚介を獲ることを止めなかったが、いつも名号《みょうごう》を唱え、夜になると家に帰って、夫婦ともども声高らかに夜通しで念仏して、そしてついに往生《おうじょう》を遂げたという。

これまでの仏教では、生き物を殺すことを職業とする人たちはその罪業《ざいごう》によって地獄に落ちると見なされており、まして極楽に往生することは難しいと思われていた。この点、殺戮を職業とする武士とも共通する罪業観であった。ところが、法然はそうした罪業にもかかわらず、阿弥陀仏の本願によって称名念仏《しょうみょうねんぶつ》だけで往生できることを説いた。守旧的な地方の人々にとって、画期的な教えを直接に聴聞し、驚嘆したに違いない。

室の泊の遊女に教化

法然は四国への流罪の途中、高砂の浦において漁師の老夫妻に念仏往生のことを説いたのち、室《むろ》の泊《とまり》に着いた。室の泊は、瀬戸内海を行き来する船の風よけの寄港地であり、古代から川尻（尼崎市）、大輪田（神戸市）、魚住《なすみ》（明石市）、韓《から》（姫路市）と併せて五泊《いつのとまり》と呼ばれ、行基《ぎょうき》が築造したと伝える。治承四年に、高倉上皇が厳島《いつくしま》神社に参詣されたときにも、高砂の浦を経て室の泊に着いている（『厳島御幸記』）。

法然が室の泊に着くと、遊女が乗った小さい舟が一艘近づいて来た。招かないのに押し

図24　室の泊で遊女を教化する（『法然上人行状絵図』巻34第５段より，知恩院所蔵）

かけて来たのある。高倉上皇のときにも行宮《あんぐう》（仮の御所）のそば近くまで遊女たちがわれ先に寄ってきているので、遊女の慣わしであろう。

法然は遊女の舟を追い返さず、遊女が「法然上人のお船がお着きになると承り、押しかけて参りました。世を渡る道はいろいろとございますが、私たちは前世にいかなる罪を犯して、このような身となったのでしょうか。この罪業の重い者は、どのようにすればのちの世に救われるのでしょうか」と申し上げるのに耳を傾けた。

法然が本願を頼んで念仏すれば、往生は疑いないということを懇切に教えると、遊女は涙を流して喜んだ。のちに上人が配所より帰京のとき、遊女が発心《ほっしん》して念仏往生したことを、村人から聞いたということである。

水辺に暮らす人々のなかで、漁師と遊女はその生業《なりわい》のゆえに、罪業観がひときわ深かったのある。遊女とは、客の宴席で歌舞などを演じて感興をそえ、あるいは枕席をともにして、その報酬によって生計を立てる女性をいう。平安時代の中ごろになると、京都から四国・九州への交通には、陸上よりも水上の比重が高まり、淀《よど》川や瀬戸内海の水運が発達した。それにともなって、淀川と支流神崎川の分岐点である江口、神崎川河口の神崎や、さらには瀬戸内海の室の泊などに、旅客を相手にする遊女がたむろしていた。とくに江口と神崎は、遊女の家が建ち並び、「天下第一の楽しき地《ところ》なり」と称せられていた（『遊女記』）。

ところで、中世前期には遊女を賤民とする見方が成立していなかったという学説に基づいて、法然の時代には、遊女はみずからを罪業深い身とは思っていなかったので、法然の遊女教化の話は疑わしいという学説を唱える研究者がいる（今堀一九九〇）。はたしてどうだろうか。社会的・身分的な価値観による賤民視と、個人的な心性の自覚に基づく罪業観とを混同した議論であって、筆者はしたがうことができない。

『行状絵図』に見える漁師と遊女に対する教化譚《きょうかたん》を、伝記作者の創作ないし法然の時代を反映しない虚構だと言えるであろうか。そもそも今堀説では、遊女の故事来歴に関する法然絵伝の変遷に詳しいが、遊女に対する教説については、『行状絵図』より半世紀以上もあとに成立し、かつ増幅された記事の『法然上人伝記』（九巻伝）をもとに分析し、肝心の『行状絵図』の明解な内容には基づいていない。法然の教説の中心は、遊女の「いかなるつみありてか、かゝる身となり侍らむ。この罪業おもき身、いかにしてかのち（後）の世たすかり候べき」という切実な罪業観と、「[阿弥陀仏の]本願をたのみて念仏せば、往生うたがひあるまじき」という念仏往生の確約である。前段の高砂の浦の漁師に対する教説もまた同じく罪業と念仏往生に関する話である。この両者を結ぶ論理は、「弥陀如来はさやうなる罪人のためにこそ、弘誓をもたてたまへる事にて侍れ」（『行状絵図』巻三四『法伝全』一二三一）という悪人往生論である。

漁師も遊女も実名をあげていないので、法然がこのような悪人往生論を実際に説いた否かを決めることは困難だが、当時の時代感覚に相応する法然の言説として受け止められたことだけは間違いないと思われる。

土佐へは随蓮を

そもそも流刑は現住所追放の処罰であり、「囚人預置」慣行の下では、身元保証人の引き受けがあれば、罪人を留め置いて、代人を流刑地に遣わすことが可能であった。たとえば、隆寛《りゅうかん》は陸奥《むつ》国に流刑されるところを、途中の相模国で森入道西阿が引き請けて飯山に安置され、配所へは隆寛の門弟実成房《じつじょうぼう》が「代官」として遣わされている（『行状絵図』巻四四『法伝全』二八〇）。それでは法然上人の「御代官」に土佐国へ遣わされた者は誰か。隆寛作と伝える『法然上人秘伝』に

月輪ノ禅定殿下ノ御ハカラヒトシテ、兵衛入道随蓮、カタチ上人ニ似奉ル間、御代官ニ土佐へ流サレ、上人ヲバ我ガ所領ノ讃岐国ニオキ参ラセラレキ。（『浄全』一七―四九）

とあり、随蓮であった。随蓮のことは『琳阿本』に「又沙弥随蓮は、上人の配所へ御供したりしものなり。出家のゝち、常に上人の御坊へ参りけり」（巻九『法伝全』五八三）と見え、『秘伝』を傍証している。

勝尾寺に滞在

さて、法然は承元元年（建永二年十月二十五日改元）十二月八日、宥免の勅を賜るが、本来の流罪先の土佐国司に宛てた勅免の太政官符は、次のとおりである。

太政官符　土左国司
　流人藤井元彦
右正三位行権中納言兼右衛門督藤原朝臣隆衡宣、奉勅《ちょくをうけたまわるに》、件《くだん》の人は二月廿八日事につみして、かの国に配流。しかるをおもふところあるによりて、ことにめしかへさしむ。但よろしく畿のほかに居住して、洛中に往還する事なかるべし、者《てへれば》、国よろしく承知して、宣によりてこれをおこなへ。符到奉行《ふいたらばぶぎょうせよ》。
　承元々年十二月八日　左大史小槻宿禰
権右中弁藤原朝臣
（『行状絵図』巻三六『法伝全』二三六）

勅には「但よろしく畿のほかに居住して、洛中に往還する事なかるへし」という付帯条件が付いた。洛中に往還することが許されないから、摂津国勝尾寺にしばらく滞在した。摂津国は畿内に属するために、従来は「畿の内」と読んでいたが、「畿のほか」が正しく、この「畿」は山城《やましろ》一国を指すと思われる（中井二〇一三）。

そもそも僧尼を流罪に処すときには度縁《どえん》（得度《とくど》の証明書）を召し上げ、俗名を与えたが、これは僧尼令二十一条の「凡そ僧尼犯あらむ、格律《きやく》に准ずるに、徒《ず》［一］年以上なるべくは還俗《げんぞく》せしめよ」の規定に従って、還俗して俗人の身分になることを要したからである。中世の公家政権が執行する処罰は、形式的とはいえ律令に準拠した手続きをふんでいた。たとえば、応安五年（一三七二）正月二十二日に「流人宣下」が行われて、一乗院門主実玄らを流罪に処するに当たり、彼らを還俗せしめる旨を治部省に、流罪先の国司にそれぞれ宛てた太政官符を発している（『後愚昧記』）。そうした事例から臆測するに、法然の勅免の付帯条件の「よろしく畿のほかに居住して」は、僧尼令二十五条の「凡そ僧尼百日の苦使［の罪］を犯すること三度を経らば、改めて外国の寺に配せよ。仍《より》て配して畿内に入ることを得ざれ」に準拠したものであろう。『令集解《りようのしゆうげ》』に「仍て［畿］内に配することを得ざれとは、謂ふこころは外［国］に配するの僧、後日更に配して［畿内に］入ることを得ざるなり」（穴説）と注釈するように、畿外国の寺に配された僧尼は再び畿内には入れない規定であった。こうした規定はすでに実効性を失っていた時代であったにもかかわらず、形式的に準拠法令として用いられ、法然は畿外に居住し、洛中往還を禁ぜられたのである。

かくして法然は、京都に近い摂津《せっつ》国の勝尾寺《かつおじ》に仮寓することになったが、そこは京都より一日の距離にあり、かつての弟子たちとの面会も可能であった。勝尾寺に仮寓すること四年、建暦元年（一二一一）十一月十七日、中納言藤原光親の奉にて「入洛すべき由、宣旨を賜」り、同月二十日、法然は帰洛し、東山大谷に住むことになったのである（醍醐本『法然上人伝記』所収「御臨終日記」）。

法然の臨終

「御臨終日記」による最期のさま

建永二年（一二〇七）に讃岐に流されて京都に戻るまで五年間、流《る》謫《たく》地での生活に慣れなかったせいか、体調をくずした法然は翌年の建暦二年（一二一二）正月二日から病床についた。慈円《じえん》は『愚管《ぐかん》抄《しょう》』巻六に、「法然ハアマリ方人《かたうど》（味方）ナクテ、ユルサレテ終《つい》ニ大谷ト云《いう》東山ニテ入滅シテケリ。ソレモ往生〳〵ト云《いい》ナシテ、人アツマリケレド、サルタシカナル事モナシ。臨終行儀モ増賀上人ナドノヤウニハイ（言）ワル、事モナシ」と書き、法然の臨終には冷淡な態度を示した。だが、法然を看病した弟子や往生の奇瑞を見聞した人たちが書き留めた「御臨終日記」(醍醐本『法然上人伝記』所収)や「法然聖人臨終の行儀」(『西方指南抄』所収)と呼ぶ記録が残っている。いまこれらの記録によって、法然の臨終のさまを摘記しよう。

正月二日、老病のうえに、日ごろ食が進まない病気であったのがいっそうひどくなった。だいたいこの三、四年前から耳や目がおとろえ、物を見たり、音を聞いたりすることが明瞭でなかったが、危篤のときが近づき、かえって昔のようによくなった。まったく余言を交えず、往生に関することばかりを談じた。高声《こうしょう》念仏をたやさず、睡眠のときにも舌と口はたえず動いていた。

同月三日の戌《いぬ》の時(午後八時ごろ)に、法然は弟子に「私はもと天竺《てんじく》にいて、つねに頭《ず》陀《だ》を行じていたが、その後日本に来て天台宗《てんだいしゅう》に入り、また念仏をすすめた」と語った。看病のなかのある僧が「必ず極楽へ往生できますか」と尋ねると、「私はもと極楽にいた身であるから、きっとそうなるであろう」と答えた。

十一日の辰《たつ》の時(午前八時ごろ)に、法然は病床から起きあがって高声念仏し、弟子たちに告げて、「お前たちも高声に念仏すべきである。阿弥陀仏《あみだぶつ》がお迎えに来られた。また、観音・勢至《せいし》の菩薩《ぼさつ》たちがここに現れておられる。拝むことができたか」と言った。しかし、

図25　法然の臨終と往生の瑞相（『法然上人行状絵図』巻37第５段より，知恩院所蔵）

179　法然の臨終

弟子たちは「拝むことができません」と申し上げると、法然はいよいよ念仏を勧めた。

その後、臨終のためにと三尺の阿弥陀の仏像を、法然の病床に据え立てて、弟子たちが「この仏像を拝まれますか」と尋ねると、法然は指で空中を指して、「この仏像のほかに、また仏がおいでなる」と言い、そして、「この十年余り前から、念仏の功徳《くどく》がつもって、極楽の様相や仏・菩薩のお姿を拝みたてまつることは、いつものことであった。しかしながら、年来ずっと秘密にして誰にも言わなかった。いま最期が近づいてきたので、お前たちに示すのである」と語った。また、弟子たちが臨終用の仏像の手に五色の糸をかけて、法然に握らせようとしたところ、法然は「大体はこのような儀式だが、必ずしもしなくてよい」と、ついに手に取らなかった。

往生の瑞相

二十日の巳《み》の時（午前十時ごろ）に、法然の住房の上に紫雲がたなびき、そのなかに円形の雲が浮かび、その色は五色で、絵像の仏の後光のようであった。弟子たちが「この上に紫雲があります。ご往生が近づいているのでしょうか」と申し上げると、法然は「ありがたいことだ。私が往生するのは、一切衆生《いっさいしゅじょう》のためである。人々に念仏を信じさせるために、瑞相が現れたのだ」と語った。

同じ日の未《ひつじ》の時（午後二時ごろ）に、法然は空を見上げて、しばらくの間も目をまばたきせず、西方を見やる事が五、六回ばかりあった。看病していた人たちが不思議に思って、「仏がましますか」と尋ねたところ、法然は「そうだ」と答えた。

二十三日からは、法然の唱える念仏が、あるいは一時間、あるいは二時間と続いた。二十四日の酉《とり》の時（午後六時ごろ）から、二十五日の巳の時までは、高声念仏を続けること、体を苦しめるように、ずっと絶え間がなかった。弟子五、六人が交代で念仏を唱和する役に当たったが、唱和する役の者がむしろ疲れるほどであった。

二十五日の午《うま》の時（午後零時ごろ）からは、法然の念仏の声は次第にかすかになり、高声念仏がときどきに交じるという程度になった。今まさに臨終となったとき、慈覚大師（円仁）から相伝の九条の袈裟《けさ》をかけて、頭を北に顔を西に向け、「光明遍照、十方世界、念仏衆生、摂取不捨」の経文を唱えて、眠るように命終した。ときに建暦二年正月二十五日の正午、年齢は八十歳であった。

『行状絵図』によると、法然が病床についた翌日の正月三日のこととして、つぎの挿話を伝えている。

遺跡を一寺に限れば、遺法は広まらず

長年仕えていた高弟の法蓮房（信空）が、「古来の高僧には、みな遺跡《ゆいせき》となるお寺が残されています。しかしながら、上人はお寺の一つもお建てになっていません。ご入滅の後はどこをもってご遺跡となすべきでしょうか」と申し上げた。法然は答えて、「遺跡を一ヵ所の堂塔に定めてしまえば、私がこの世に残した教えは広まらないことになる。私の遺跡は諸州に満ち溢れているはずだ。なぜならば、念仏を興し盛んにすることは、この私が生涯をかけて教え勧めたことである。だから念仏を修するところは、身分の上下を問わず、漁師の粗末な小屋までもが、私の遺跡となるのだ」と言った（巻三七『法伝全』二四二）。

この法然のことばに、生涯にわたり「念仏の興行」にかけた気概を感じ取るのである。

信・謗ともに常の人に超えたり――エピローグ

明禅、『選択集』を読んで改悔

浄土宗の開祖法然《ほうねん》は、世の人から「知恵第一」とたたえられ、門弟からは「弥陀《みだ》の化身」「勢至《せいし》〔菩薩《ぼさつ》〕の垂迹《すいじゃく》」とあがめられた（「知恩講私記」）。ところが、南都《なんと》の興福寺《こうふくじ》の五師三綱《ごしさんごう》らからは「源空（法然）は仏法の怨敵なり」とか、「源空は僻見不善の者なり」とののしられている（『三長記』元久三年二月二十一日条）。法然への信望と誹謗《ひぼう》の極端な落差は、何によるのであろうか。

毘沙門《びしゃもん》堂の明禅《みようぜん》法印という人が、「我朝《わがちよう》に浄土をすゝめ、念仏をひろむる人おほしといへども、この上人は信謗ともにつねのひとにこゑ（超）たり。そのゆへ（故）をたづぬるに、一向専念のすゝめよりをこれり（起）」と述べている（『行状絵図』巻四一『法伝全』二五九）。わが国で浄土教を勧め、念仏を広めた人は多いが、この法然は信望・誹謗ともに人並み以上で、そのわけは一向専念（ひたすら念仏をとなえること、一向専修《せんじゅ》ともいう）を勧めたのが原因だというのである。

明禅は天台宗の学匠で、園城寺《おんじょうじ》の公胤《こういん》や禅林寺の静遍《じょうへん》らと同様に、初めは法然を誹謗していたが、のちにはその非を悔い、専修念仏に帰している。明禅の伝記は『行状絵図《ぎょうじょうえず》』に収められたものが詳しく、先のことばはそこに引かれている。明禅は、「近来《ちかごろ》法然上人浄土宗を興し、専念の行をすゝめしかども、大いにそねみ、大いにそしり」していた。法然がそねみ・そしりを受けたのは、浄土宗（念仏宗）が時代に相応の宗教として広まった反面、門弟らが「専修」に名をかりて放逸のわざを行い、余行（念仏以外の諸行）を否定し、他宗を冒瀆《ぼうとく》するものがいたからである。無住が「凡《およそ》念仏宗ハ、濁世《じょくせ》相応ノ要門、凡夫出離ノ直路《じきろ》也。実《まこと》ニ目出度《めでた》キ宗ナル程ニ、余行余善ヲ嫌ヒ、余ノ仏菩薩神明《しんめい》マデモ軽《かろし》メ、諸大乗ノ法門ヲモ謗ズル事アリ」（『沙石集』巻一）と看破したとおりだ。

法然を誹謗していたその明禅が一転して、「浄土の宗義を得《え》、称名の功能《くのう》（功徳）をしる。信仰のあまり、改悔《かいけ》の心をおこし」たのは、法然の主著『選択集《せんちゃくしゅう》』を披見したことが契機であった。法然の没後、高弟の法蓮房（信空）にあって、「きかざるには信も謗もともにあやまりあり。先師所造の書あり。これを見て、もしは信じもしは謗ずべし」と、『選択集』をおくられた。一度目は何となく読み終え、二度目は偏執の見解があるだろうと思いながら読み、三度目からは深い趣旨があると見て、四度五度と読むうちに、信を増して疑わなくなった。明禅は、法然に対する信仰のあまり、『選択集』を書写し、草紙（書物）の袖に「源空上人の選択集は、末代念仏行者の目足なり」と書き付けたという。

明禅は法然に対して信・謗の起こる理由を、一向専修を勧めたことにあると見たが、それが常人の考えに違っているのでそしられ、常人の考えより優れているので信じられた、と説き明かす。もし、法然が専修念仏の教義を立てなかったなら、誹謗されることもなく、信望されることもなかったはずだ。信・謗の由来は、常人を超えたユニークな思想と行動にあった。

園城寺の公胤、自著を焼く

法然への誹謗に対して、弟子信空の進言にこたえた天台宗の学匠明禅が『選択集』を披覧のあとに、「ひとへに在世の誹謗をくひ、ふかく上人の勧化を信じて、（中略）専修専念の行をこたり（怠）なく、念仏往生のいとなみ他事なか」ったという。「一向専修の義を破する人おほかりし」なかに、園城寺の公胤は法然をそしって、「私が読んだ経文で法然房が読んでいないものはあろうとも、法然房が読んだ経文で、私が読んでいないものはあるまい」と自負し、『浄土決疑抄』を著わして『選択集』を論破しようとした。ところが法然からかえってその理の未熟さを指摘された。公胤は「[法然の]たつるところの浄土の法門、聖意（仏の本意）に違すべからず。あふぎ（仰）て信ずべし。かの上人の義をそしる、これおほきなるとが（咎）なり」と弟子に語り、自著の『浄土決疑抄』を焼きすてたという。公胤は顕密ともに精通し、智行を兼備した学僧であったので、法然をほめたたえる言葉は、信頼するに足るものであった。法然の中陰《ちゅういん》の法要の導師をみずから望んで勤め、改めて前非を懺悔したのである（『行状絵図』巻四〇『法伝全』二五五）。

禅林寺の静遍、大谷の墓前で悔謝

禅林寺の静遍《じょうへん》は、弘法大師空海の門流をくむ真言宗の僧である。東寺密教の流派である小野流と広沢流を相承し、密教の修法と教義の両方に特に優れているという評判を得ていた。その静遍が「世こぞりて選択集に帰し、念仏門にいるものおほくきこへし程に、嫉妬の心をおこして、選択集を破し念仏往生の道をふせがむ」と思って、批判の文を書くための紙まで準備して、『選択集』を取り寄せてみると、日ごろの考えとは大いに相違していた。末代悪世の凡夫《ぼんぷ》の出離生死のみちは、ひとへに称名の行にありけりと見さだめ、みずから心円房と号して、一向に念仏したという。静遍は日ごろ嫉妬の心を生じていたことを哀しみ、法然の大谷の墓堂に参り、「今日よりは上人を師とし、念仏を行とすべし。聖霊（法然の霊魂）照覧を垂れて、先非を許したまえ」と心から訴えた。そして、『続選択文義要鈔《ぞくせんちゃくもんぎようしょう》』を著わして、法然の教義を補い、「これまで一生考えてきたことが定まって、永く世の中の道理を捨て、ただ阿弥陀仏の名を称えて、それ以外のことは語らず、常に念仏する」という意味の偈文を作っている（『行状絵図』巻四〇『法伝全』二五七）。

毘沙門堂の明禅、園城寺の公胤、禅林寺の静遍らの三人が法然に「大にそねみ」、「そしって」「嫉妬」し、『選択集』を論破しようとして、改めて読み返すうちに、かえって法然を崇敬し、念仏の信者になったのと対照的な態度を取ったのが、栂尾《とがのお》の明恵《みようえ》（高弁）である。

明恵、『摧邪輪』で法然を論難

明恵は言う、「年来、法然に深く信仰の心を抱いていた。聞き及ぶ所の種々の邪見は、在家の信者らが法然の高名に事をよせて妄説するためであると思い、一言も法然を誹謗しなかった。他人が法然批判をするのを聞くにつれても、必ずしも信用しなかった。ところが最近、この『選択集』を披閲するや、悲嘆が甚だ深くなった。在家・出家の千万の門流が起こす所の種々の邪見は、みなこの書から起ることがわかった」と（『浄全』八―六七五）。

『選択集』は法然の在世中は書写さえ禁じられていたが、法然の没後ほどなく印刷刊行されて、「往生宗の肝要・念仏者の秘府」として普及した。そこで明恵は法然の没後の年、建暦二年（一二一二）十一月に『摧邪輪《ざいじやりん》』を著わして、法然批判を始めたのである。『摧邪輪』は正式の書名を「一向専修宗選択集の中に於て邪を摧《くじ》く［法］輪」と言うように、法然の主著『選択集』を邪書と決めつけた。論破の対象は、「一は菩提心を撥去《はっきょ》（のぞきさる）する過失」「二は聖道門を以て群賊に譬ふる過失」の二つの「難」があると言う。論述の大半は菩提心を撥去する過失に割かれ、その中に五種の「大過」ありとして、「一は菩提心を以て往生極楽の行とせざる過。二は弥陀の本願の中に菩提心なしと言ふ過。三は菩提心を以て有上《うじょう》（劣ったもの。念仏以外の余行）の小利とする過。四は双観経（無量寿経）に菩提心を説かずと言ひ、幷《ならび》に弥陀一教止住の時、菩提心なしと言ふ過。五は菩

図26　明恵像（高山寺所蔵）

提心、念仏を抑《おさ》ふと言ふ過なり」をあげる。

たしかに『選択集』は菩提心に言及しても「菩提心等の余行」「菩提心等の諸行」と、諸行（余行）の扱いであった。悟りを得ようと努める心を意味する菩提心を否定されたかに思った明恵は、菩提心を説く経典類を動員して法然の著書を論破しようとしたのである。激高に任せたのか「汝(法然)この偏執（一宗をたてるのに、法相の諸師の解釈を用いてない）に依るが故に、委細に念仏の義を知らずして、自《みずか》らの狂心に任せて、この邪書を作つて一宗を立つ」とか、「汝の邪言に依りて、所化《しよけ》（弟子）をして菩提心を捨離せしむ。汝はあに悪魔の使に非ざらんや」と、口を極めて非難している。

ところが、法然の門弟たちがこぞって論難をなしたので、『摧邪輪荘厳記』をつくって、その非難にこたえようとした。しかし、意味も理屈も通っていなかったので、明恵はこの本を書いたあと、ますます評判を落とした。明恵に帰依していた民部卿《みんぶきよう》の長房卿という人が高野山《こうやさん》にいた明遍に『摧邪輪』を見せようとしたところ、明遍は「我は念仏者なり。念仏を破したらんをば、手にもとるべからず、目にも見るべからず」と言って返した。その後、仁和寺にいた昇蓮房が『摧邪輪』をもって明遍に見せたので、明遍は明恵の言う

「二は聖道門を以て群賊に譬ふる過失」について、「およそ立破（自分の主張を立て、相手を論破すること）の方法は、まず論破する相手の主張を十分に理解してから論破するのが決まりなのに、［明恵上人は］『選択集』の趣旨を少しも理解せずに非難したゆえに、その非難はまったく当たっていない。なかでも浄土宗と異なる教えや見方をする人を群盗にたとえる箇所を論難しているが、このたとえは善導《ぜんどう》の『観経疏《かんぎょうしょ》』に出てくる文章である。まったく法然房の過ちではない。生死の世界を離れようと考えている［法然が］これほど罵詈誹謗されることも納得できない」と言った（『行状絵図』巻四〇『法伝全』二五五）。

法然の「往生教」は画期的な仏教観

ところで、「浄土宗見聞」（「勢観上人見聞」）の第十五話に、ある人が「真言の阿弥陀の供養法は正行とすべきか」と法然に問うたところ、「仏体は同一に似ているが、教えに従えば同じでない。真言教の阿弥陀は己心《こしん》の如来であって、ほかに求めることはできない。［浄土宗の］阿弥陀は法蔵比丘が［修行して］成仏して西方浄土におられる。その意味するところは大いに異なる。彼（真言）は成仏［教］であり、これ（浄土）は往生教である。決して同じくすべきではない」と、法然は答えたとある。真言教では「己心の弥陀、唯心の浄土」と言って、阿弥陀仏もその浄土もともに自己の身心の内にあると考えるのである。これに対し法然は「指方立相」と言って、阿弥陀仏は現に西方の極楽浄土にましますと見なした。袴谷憲昭氏は、法然の言う「往生の教」とは菩提心に基づく「成仏の教」を全面否定することによって、絶対他者たる阿弥陀仏による全ての衆生の往生を可能にしたと見ている（袴谷一九九八）。そして袴谷氏は、法然こそが「成仏の教」を全面的に否定した唯一の人であったが、明恵の法然批判もあって、法然没後の浄土思想はまた法然以前に回帰すると考えている。みずからの立場を「往生の教」と規定し、「成仏の教」とは峻別した法然ではあったが、彼の同時代の浄土思想にも「成仏の教」が混在しているのである。真言密教に限らず顕密諸宗の浄土思想は「成仏の教」を基本として、その枠内から一歩も出ていないのである。興福寺からの奏上において、「第六に浄土に暗き失」をあげるが、浄土そのものの分析はなく、中国の諸師が往生を遂げた実例を引き、「まさに知るべし、余行に依らず、念仏に依らず、出離の道、ただ心に在り」と述べ、「唯心の浄土」の域を外れていない。

もしも法然が生きて明恵と対峙したならば、明恵の舌鋒に負けたであろうか。「往生の教」に立つ法然と「成仏の教」に立つ明恵とは、その思想的基盤を異にするから、年長者の法然は、おそらく「不足言」（反論するに及ばない）の笑みをたたえたであろう。

こうした明禅・公胤・静遍・明恵らの逸話からうかがえるのは、法然への信・謗のもといは、彼の思想の理論書である『選択集』と、行動の中核をなした一向専念・一向専修の念仏にあった。

明恵から猛烈に批判された菩提心について、法然は『三部経釈』において、菩提心は諸宗おのおの解釈が異なるが、「浄土宗の意は、浄土にむ《（生）》まれんとねがふを菩提心といふ」（『浄全』九—四七九）と明言し、『逆修説法』において、「今浄土宗の菩提心とは、先づ浄土に往生して、一切衆生を度し、一切の煩悩を断じ、一切の法門を悟り、無上菩提を証せんと欲する心なり」（『昭法全』二四〇）と言っていた。成仏よりも往生が先決で、往生した上での成仏だとする「往生の教」は当時の顕密八宗にはまったく見られない教説であった。ここに法然の説いた浄土宗の教えが持つ日本仏教史上の特色が存するのである。

あとがき

私の研究生活は、古代仏教制度史から始まった。ところが職を佛教大学に奉じてより以来、浄土宗史を「副専攻」とするようになった。最初は古代仏教史が文字通り「主専攻」の位置を占めていたが、年齢を重ねるにしたがって、次第に「主」と「副」が交代し出した。学内で役職をもたされる時期とも重なり、私の学的関心は浄土宗史に傾いていった。とくに浄土宗の開祖、法然の絵伝を研究の対象に絞り込み、数多い法然絵伝の成立史を見直そうと志したのである。

今から思うとはずかしいが、大学改革を推進するなかで、大学に席を置くものは業績を発表すべしと言い放ったこともあった。まず隗《かい》より始めよ、とばかりに法然絵伝に関する啓蒙書を刊行した。『念仏の聖者・法然』（『日本の名僧』七、吉川弘文館、二〇〇四年）を編著し、『法然上人行状絵図』を抄訳した『法然絵伝を読む』(『佛教大学鷹陵文化叢書』一二、思文閣出版、二〇〇五年)を著わした。時あたかも法然没後八百年大遠忌を迎え、その記念出版として『絵伝にみる法然上人の生涯』(法蔵館、二〇一一年)を刊行した。また、この間、文部科学省のオープン・リサーチ・センター整備事業に採択された佛教大学宗教文化情報研究所(現宗教文化ミュージアム)の研究プロジェクトとして、「法然上人絵伝の基礎的研究」班を組織し、浄土宗大本山善導寺蔵の『本朝祖師伝記絵詞』(『伝法絵流通』)、浄土宗妙定院蔵の『法然上人伝絵詞』(琳阿本)、浄土宗常福寺蔵の『拾遺古徳伝絵』の原本調査を行い、その研究成果をデジタル・アーカイブ化するとともに、影印・翻刻して公刊し、続けて浄土宗総本山知恩院蔵の『法然上人行状絵図』の詞書《ことばがき》すべてに校訂を施した『新訂法然上人絵伝』(思文閣出版、二〇一二年)を刊行した。その後、『法然上人行状絵図』に関しては、影印と翻刻の監修に当たり、それらの研究を『法然上人絵伝の研究』(思文閣出版、二〇一三年)にまとめた。

これらの著述は、法然上人絵伝と総称される、詞書(文章)と絵図(挿絵)が交互に展開する絵巻物の様式で制作された法然の伝記の成立の系譜的関係――『伝法絵流通』から

『法然上人伝絵詞』『拾遺古徳伝絵』を経て『法然上人行状絵図』に至る――を明らかにすることに重点を置いていた。したがって、絵伝の成立過程に興味のない方には冗長な著作だと受け取られたに違いない。そこでこのたび『歴史文化ライブラリー』の一冊として著わした本書は、そうした絵伝の成立過程はできるだけ説明せずに、法然の生涯と思想を描いたつもりである。また、従来の法然伝とことなって、必ずしも全生涯にわたる事績に言及しているわけでもない。

本書の執筆を依頼されたのは五年前のことである。私事にわたるが、この間に、脊柱管狭窄症の手術を受けた。手術が成功したかどうかわからないままに、今度はパーキンソン症候群（パーキンソン病に非ずして、パーキンソン病の症状が現れる）という難病に罹ってしまった。症状は歩行困難と発声障害である。医者からは治療薬はなく、リハビリしかないと言われている。本書刊行の遅延をお詫びするとともに、もし記述に不都合な箇所があるなら、ご寛恕ねがう次第である。

なお、本書に収録された貴重な史料の写真掲載を許可していただいた天台宗二尊院、国立国会図書館、甲賀市水口図書館、真言宗最明寺、天台圓浄宗廬山寺、浄土宗興善寺、大谷大学図書館、高山寺などの寺院や研究機関、とくに浄土宗総本山知恩院執事の前田昌信師、総務課長の土屋丈司師、浄土宗大本山善導寺執事長の能登原賢史師、浄土宗宗務庁教学部長の稲田泰雄師、浄土宗妙定院の小林正道師には、格別のご高配をいただいたことに感謝申し上げる。また、本書の完成を気永く待っていただき、校正その他にご配慮たまわった吉川弘文館編集部の石津輝真氏、伊藤俊之氏には謝意を表したい。最後に、私の著作物の出版に三十年間携わっていただいている佛教大学参与の松島吉和氏には、本書の執筆に際にしても、多岐にわたる助言と協力をいただいたことにお礼申し上げる。

令和元年十月十五日

中井真孝

参考文献

石井教道　一九五九『選択集全講』（『選択集之研究』講述篇、平楽書店）
伊藤真昭　二〇〇九「醍醐本『法然上人伝記』の成立と伝来について—なぜ醍醐寺に伝わったのか—」（『仏教文化研究』五三）
伊藤唯真　一九八一『浄土宗の成立と展開』（吉川弘文館）
伊藤唯真　一九八九「『法然上人伝記』（醍醐本）の成立史的考察」（藤堂恭俊博士古稀記念会編『浄土宗典籍研究』研究篇、同朋舎出版）
井上光貞　一九五六『日本浄土教成立史の研究』（山川出版社）
井上光貞　一九七一『日本古代の国家と仏教』（『日本歴史叢書』、岩波書店）
今堀太逸　一九九〇『神祇信仰の展開と仏教』（吉川弘文館）
上横手雅敬　二〇〇八「「建永の法難」について」（同編『鎌倉時代の権力と制度』、思文閣出版）
大橋俊雄　一九七一「法然における専修念仏の形成」（『法然・一遍』、『日本思想大系』一〇、岩波書店）
大橋俊雄　一九九八『法然』（『講談社学術文庫』一三二六、講談社）
梶村昇・曽田俊弘　一九九六「新出『大徳寺本拾遺漢語灯録』について」（『浄土宗学研究』二二）
香月乗光　一九五九「「七箇条起請文」と「送山門起請文」とについて—その偽作説に対する反論—」

（『仏教文化研究』八）
菊地大樹　二〇〇七　『中世仏教の原形と展開』（吉川弘文館）
西郷信綱　一九七二　『古代人と夢』（平凡社）
城福雅伸　一九九一　「『興福寺奏状』についての一考察」（『仏教学研究』四七）
城福雅伸　一九九五　「『興福寺奏状』についての一考察―安達俊英氏の批判・疑問に答える―」（二）（『法然上人研究』四）
末木文美士　一九九八　『鎌倉仏教形成論』（法蔵館）
末木文美士　二〇一四　『日本仏教入門』（『角川選書』五三七、角川書店）
曽田俊弘　二〇〇一　「『拾遺漢語灯録』と醍醐本『法然上人伝記』の関連性―大徳寺本『拾遺漢語灯録』の研究―」（『仏教文化研究』四五）
平　雅行　一九九二　『日本中世の社会と仏教』（塙書房）
平　雅行　二〇一七　『鎌倉仏教と専修念仏』（法蔵館）
平　雅行　二〇一八　『法然　貧しく劣った人びとと共に生きた僧』（『日本史リブレッド』〇二八、山川出版社）
高橋弘次　一九九四　『改版増補法然浄土教の諸問題』（山喜房仏書林）
高橋正隆　一九七七　『鎌倉新仏教管見―『選択本願念仏集』（禿庵文庫本）をめぐる諸問題―』（文華堂書店）
田村圓澄　一九五六　『法然上人伝の研究』（法蔵館）

坪井　剛　二〇一四「「建永の法難」事件再考―訴訟過程の検討を中心として―」(『古代文化』六六―一)
藤堂恭俊　一九九六『法然上人研究』二・思想篇（山喜房仏書林）
藤堂祐範　一九二二『選択集大観』（中外出版）
中井真孝　一九九四『法然伝と浄土宗史の研究』（思文閣出版）
中井真孝　二〇一三『法然上人絵伝の研究』（思文閣出版）
中井真孝　二〇一九『続法然伝と浄土宗史の研究』（永田文昌堂）
中野正明　二〇〇四「法然の教化とその消息」（中井真孝編『念仏の聖者 法然』、吉川弘文館）
袴谷憲昭　一九九八『法然と明恵―日本仏教思想史序説―』（大蔵出版）
平松令三　一九九八『親鸞』（『歴史文化ライブラリー』三七、吉川弘文館）
松本史朗　二〇〇一『法然親鸞思想論』（大蔵出版）
望月信亨　一九二三「醍醐本法然上人伝記解説」（『法然上人伝記附一期物語　法然上人秘伝　法然上人ノ事』、『仏教古典叢書』、中外出版）
望月信亨　一九二四「信瑞の明義進行集と無観称名義」（『明義進行集』附録、『仏教古典叢書』、中外出版）
森新之介　二〇一三『摂関院政期思想史研究』（思文閣出版）

著者略歴

一九四三年、滋賀県に生まれる

一九七三年、大阪大学大学院文学研究科博士課程満期退学

現在、佛教大学名誉教授

〔主要著書〕

『日本古代仏教制度史の研究』（法蔵館、一九九一年）

『法然伝と浄土宗史の研究』（思文閣出版、一九九四年）

『念仏の聖者・法然』（吉川弘文館、二〇〇四年）

『法然上人絵伝の研究』（思文閣出版、二〇一三年）

『続法然伝と浄土宗史の研究』（永田文昌堂、二〇一九年）

歴史文化ライブラリー

494

鎌倉浄土教の先駆者　法然

二〇二〇年（令和二）二月一日　第一刷発行

著　者　中《なか》井《い》真《しん》孝《こう》

発行者　吉川道郎

発行所　株式会社　吉川弘文館

東京都文京区本郷七丁目二番八号

郵便番号一一三—〇〇三三

電話〇三—三八一三—九一五一〈代表〉

振替口座〇〇一〇〇—五—二四四

http://www.yoshikawa-k.co.jp/

印刷＝株式会社　平文社

製本＝ナショナル製本協同組合

装幀＝清水良洋・宮崎萌美

ISBN978-4-642-05894-0

歴史文化ライブラリー

1996. 10

刊行のことば

現今の日本および国際社会は、さまざまな面で大変動の時代を迎えておりますが、近づきつつある二十一世紀は人類史の到達点として、物質的な繁栄のみならず文化や自然・社会環境を謳歌できる平和な社会でなければなりません。しかしながら高度成長・技術革新にともなう急激な変貌は「自己本位な刹那主義」の風潮を生みだし、先人が築いてきた歴史や文化に学ぶ余裕もなく、いまだ明るい人類の将来が展望できていないようにも見えます。このような状況を踏まえ、よりよい二十一世紀社会を築くために、人類誕生から現在に至る「人類の遺産・教訓」としてのあらゆる分野の歴史と文化を「歴史文化ライブラリー」として刊行することといたしました。

小社は、安政四年（一八五七）の創業以来、一貫して歴史学を中心とした専門出版社として書籍を刊行しつづけてまいりました。その経験を生かし、学問成果にもとづいた本叢書を刊行し社会的要請に応えて行きたいと考えております。

現代は、マスメディアが発達した高度情報化社会といわれますが、私どもはあくまでも活字を主体とした出版こそ、ものの本質を考える基礎と信じ、本叢書をとおして社会に訴えてまいりたいと思います。これから生まれでる一冊一冊が、それぞれの読者を知的冒険の旅へと誘い、希望に満ちた人類の未来を構築する糧となれば幸いです。

吉川弘文館

歴史文化ライブラリー

中世史

歴史文化ライブラリー

武田信玄——平山　優
徳川家康と武田氏 信玄・勝頼との十四年戦争——本多隆成
戦国大名毛利家の英才教育 元就・隆元・輝元と妻たち——五條小枝子
戦国大名の兵粮事情——久保健一郎
戦乱の中の情報伝達 使者がつなぐ中世京都と在地——酒井紀美
戦国時代の足利将軍——山田康弘
室町将軍の御台所 日野康子・重子・富子——田端泰子
名前と権力の中世史 室町将軍の朝廷戦略——水野智之
戦国貴族の生き残り戦略——岡野友彦
鉄砲と戦国合戦——宇田川武久
検証 長篠合戦——平山　優
織田信長と戦国の村 天下統一のための近江支配——深谷幸治
検証 本能寺の変——谷口克広
明智光秀の生涯——諏訪勝則
加藤清正 朝鮮侵略の実像——北島万次
落日の豊臣政権 秀吉の憂鬱、不穏な京都——河内将芳
豊臣秀頼——福田千鶴
偽りの外交使節 室町時代の日朝関係——橋本　雄
朝鮮人のみた中世日本——関　周一
ザビエルの同伴者 アンジロー 戦国時代の国際人——岸野　久
海賊たちの中世——金谷匡人
アジアのなかの戦国大名 西国の群雄と経営戦略——鹿毛敏夫
琉球王国と戦国大名 島津侵入までの半世紀——黒嶋　敏
天下統一とシルバーラッシュ 銀と戦国の流通革命——本多博之

近世史

細川忠利 ポスト戦国世代の国づくり——稲葉継陽
江戸の政権交代と武家屋敷——岩本　馨
江戸の町奉行——南　和男
江戸御留守居役 近世の外交官——笠谷和比古
大名行列を解剖する 江戸の人材派遣——根岸茂夫
江戸大名の本家と分家——野口朋隆
〈甲賀忍者〉の実像——藤田和敏
江戸の武家名鑑 武鑑と出版競争——藤實久美子
江戸の出版統制 弾圧に翻弄された戯作者たち——佐藤至子
武士という身分 城下町萩の大名家臣団——森下　徹
旗本・御家人の就職事情——山本英貴
武士の奉公 本音と建前 江戸時代の出世と処世術——高野信治
宮中のシェフ、鶴をさばく 江戸時代の朝廷と庖丁道——西村慎太郎

歴史文化ライブラリー

近・現代史

歴史文化ライブラリー

歴史文化ライブラリー

〈いのち〉をめぐる近代史 堕胎から人工妊娠中絶へ――岩田重則

強制された健康 日本ファシズム下の生命と身体――藤野 豊

戦争とハンセン病――藤野 豊

「自由の国」の報道統制 大戦下の日系ジャーナリズム――水野剛也

海外戦没者の戦後史 遺骨帰還と慰霊――浜井和史

学徒出陣 戦争と青春――蜷川壽惠

特攻隊の〈故郷〉 霞ヶ浦・筑波山・北浦・鹿島灘――伊藤純郎

沖縄戦 強制された「集団自決」――林 博史

陸軍中野学校と沖縄戦 知られざる少年兵「護郷隊」――川満 彰

沖縄からの本土爆撃 米軍出撃基地の誕生――林 博史

原爆ドーム 物産陳列館から広島平和記念碑へ――頴原澄子

米軍基地の歴史 世界ネットワークの形成と展開――林 博史

沖縄 占領下を生き抜く 軍用地・通貨・毒ガス――川平成雄

考証 東京裁判 戦争と戦後を読み解く――宇田川幸大

昭和天皇退位論のゆくえ――冨永 望

ふたつの憲法と日本人 戦前・戦後の憲法観――川口暁弘

鯨を生きる 鯨人の個人史・鯨食の同時代史――赤嶺 淳

文化財報道と新聞記者――中村俊介

文化史・誌

落書きに歴史をよむ――三上喜孝

霊場の思想――佐藤弘夫

跋扈《ばっこ》する怨霊 祟りと鎮魂の日本史――山田雄司

将門伝説の歴史――樋口州男

藤原鎌足、時空をかける 変身と再生の日本史――黒田 智

変貌する清盛 『平家物語』を書きかえる――樋口大祐

空海の文字とことば――岸田知子

日本禅宗の伝説と歴史――中尾良信

殺生と往生のあいだ 中世仏教と民衆生活――苅米一志

浦島太郎の日本史――三舟隆之

〈ものまね〉の歴史 仏教・笑い・芸能――石井公成

戒名のはなし――藤井正雄

墓と葬送のゆくえ――森 謙二

運 慶 その人と芸術――副島弘道

ほとけを造った人びと 止利仏師から運慶・快慶まで――根立研介

祇園祭 祝祭の京都――川嶋將生

洛中洛外図屛風 つくられた〈京都〉を読み解く――小島道裕

化粧の日本史 美意識の移りかわり――山村博美

歴史文化ライブラリー

- 乱舞の中世 白拍子・乱拍子・猿楽 ―― 沖本幸子
- 神社の本殿 建築にみる神の空間 ―― 三浦正幸
- 古建築を復元する 過去と現在の架け橋 ―― 海野 聡
- 大工道具の文明史 日本・中国・ヨーロッパの建築技術 ―― 渡邉 晶
- 苗字と名前の歴史 ―― 坂田 聡
- 日本人の姓・苗字・名前 人名に刻まれた歴史 ―― 大藤 修
- 大相撲行司の世界 ―― 根間弘海
- 日本料理の歴史 ―― 熊倉功夫
- 日本の味 醤油の歴史 ―― 林 玲子・天野雅敏 編
- 中世の喫茶文化 儀礼の茶から「茶の湯」へ ―― 橋本素子
- 天皇の音楽史 古代・中世の帝王学 ―― 豊永聡美
- 流行歌の誕生 「カチューシャの唄」とその時代 ―― 永嶺重敏
- 話し言葉の日本史 ―― 野村剛史
- 柳宗悦と民藝の現在 ―― 松井 健
- 遊牧という文化 移動の生活戦略 ―― 松井 健
- マザーグースと日本人 ―― 鷲津名都江
- たたら製鉄の歴史 ―― 角田徳幸
- 金属が語る日本史 銭貨・日本刀・鉄炮 ―― 齋藤 努
- 書物と権力 中世文化の政治学 ―― 前田雅之
- 書物に魅せられた英国人 フランク・ホーレーと日本文化 ―― 横山 學
- 災害復興の日本史 ―― 安田政彦

民俗学・人類学

- 日本人の誕生 人類はるかなる旅 ―― 埴原和郎
- 倭人への道 人骨の謎を追って ―― 中橋孝博
- 神々の原像 祭祀の小宇宙 ―― 新谷尚紀
- 役行者と修験道の歴史 ―― 宮家 準
- 幽霊 近世都市が生み出した化物 ―― 髙岡弘幸
- 雑穀を旅する ―― 増田昭子
- 川は誰のものか 人と環境の民俗学 ―― 菅 豊
- 名づけの民俗学 地名・人名はどう命名されてきたか ―― 田中宣一
- 番と衆 日本社会の東と西 ―― 福田アジオ
- 記憶すること・記録すること 聞き書き論ノート ―― 香月洋一郎
- 番茶と日本人 ―― 中村羊一郎
- 柳田国男 その生涯と思想 ―― 川田 稔

世界史

- 中国古代の貨幣 お金をめぐる人びとと暮らし ―― 柿沼陽平
- 渤海国とは何か ―― 古畑 徹
- 古代の琉球弧と東アジア ―― 山里純一

歴史文化ライブラリー

アジアのなかの琉球王国—高良倉吉
琉球国の滅亡とハワイ移民—鳥越皓之
フランスの中世社会 王と貴族たちの軌跡—渡辺節夫
ヒトラーのニュルンベルク 第三帝国の光と闇—芝 健介
人権の思想史—浜林正夫

考古学

タネをまく縄文人 最新科学が覆す農耕の起源—小畑弘己
老人と子供の考古学—山田康弘
〈新〉弥生時代 五〇〇年早かった水田稲作—藤尾慎一郎
文明に抗した弥生の人びと—寺前直人
樹木と暮らす古代人 木製品が語る弥生・古墳時代—樋上 昇
古 墳—土生田純之
東国から読み解く古墳時代—若狭 徹
埋葬からみた古墳時代 女性・親族・王権—清家 章
神と死者の考古学 古代のまつりと信仰—笹生 衛
土木技術の古代史—青木 敬
国分寺の誕生 古代日本の国家プロジェクト—須田 勉
海底に眠る蒙古襲来 水中考古学の挑戦—池田榮史
銭の考古学—鈴木公雄

古代史

邪馬台国の滅亡 大和王権の征服戦争—若井敏明
日本語の誕生 古代の文字と表記—沖森卓也
日本国号の歴史—小林敏男
日本神話を語ろう イザナキ・イザナミの物語—中村修也
東アジアの日本書紀 歴史書の誕生—遠藤慶太
〈聖徳太子〉の誕生—大山誠一
倭国と渡来人 交錯する「内」と「外」—田中史生
大和の豪族と渡来人 葛城・蘇我氏と大伴・物部氏—加藤謙吉
白村江の真実 新羅王・金春秋の策略—中村修也
よみがえる古代山城 国際戦争と防衛ライン—向井一雄
よみがえる古代の港 古地形を復元する—石村 智
古代豪族と武士の誕生—森 公章
飛鳥の宮と藤原京 よみがえる古代王宮—林部 均
出雲国誕生—大橋泰夫
古代出雲—前田晴人
古代の皇位継承 天武系皇統は実在したか—遠山美都男
古代天皇家の婚姻戦略—荒木敏夫
壬申の乱を読み解く—早川万年

歴史文化ライブラリー

戸籍が語る古代の家族――今津勝紀
万葉集と古代史――直木孝次郎
地方官人たちの古代史 律令国家を支えた人びと――中村順昭
古代の都はどうつくられたか 中国・日本・朝鮮・渤海――吉田 歓
平城京に暮らす 天平びとの泣き笑い――馬場 基
平城京の住宅事情 貴族はどこに住んだのか――近江俊秀
すべての道は平城京へ 古代国家の〈支配の道〉――市 大樹
都はなぜ移るのか 遷都の古代史――仁藤敦史
聖武天皇が造った都 難波宮・恭仁宮・紫香楽宮――小笠原好彦
天皇側近たちの奈良時代――十川陽一
悲運の遣唐僧 円載の数奇な生涯――佐伯有清
遣唐使の見た中国――古瀬奈津子
古代の女性官僚 女官の出世・結婚・引退――伊集院葉子
〈謀反〉の古代史 平安朝の政治改革――春名宏昭
平安朝 女性のライフサイクル――服藤早苗
平安京のニオイ――安田政彦
平安京の災害史 都市の危機と再生――北村優季
平安京はいらなかった 古代の夢を喰らう中世――桃崎有一郎
天台仏教と平安朝文人――後藤昭雄
平将門の乱を読み解く――木村茂光
藤原摂関家の誕生 平安時代史の扉――米田雄介
安倍晴明 陰陽師たちの平安時代――繁田信一
平安時代の死刑 なぜ避けられたのか――戸川 点
古代の神社と神職 神をまつる人びと――加瀬直弥
大地の古代史 土地の生命力を信じた人びと――三谷芳幸
時間の古代史 霊鬼の夜、秩序の昼――三宅和朗

各冊一七〇〇円～二〇〇〇円（いずれも税別）
▽残部僅少の書目も掲載してあります。品切の節はご容赦下さい。
▽品切書目の一部について、オンデマンド版の販売も開始しました。
詳しくは出版図書目録、または小社ホームページをご覧下さい。